思想政治教育研究文库

—

新时代高校思想政治教育发展质量研究

曹挹芬　著

光明日报出版社

图书在版编目（CIP）数据

新时代高校思想政治教育发展质量研究 ／ 曹挹芬著.
北京：光明日报出版社，2025.5. -- ISBN 978 - 7 - 5194 -
8734 - 8

Ⅰ. G641

中国国家版本馆 CIP 数据核字第 2025PC4689 号

新时代高校思想政治教育发展质量研究
**XINSHIDAI GAOXIAO SIXIANG ZHENGZHI JIAOYU FAZHAN ZHILIANG
YANJIU**

著　者：曹挹芬	
责任编辑：刘兴华	责任校对：宋　悦　李海慧
封面设计：中联华文	责任印制：曹　净

出版发行：光明日报出版社

地　　址：北京市西城区永安路 106 号，100050

电　　话：010-63169890（咨询），010-63131930（邮购）

传　　真：010-63131930

网　　址：http：//book. gmw. cn

E － mail：gmrbcbs@ gmw. cn

法律顾问：北京市兰台律师事务所龚柳方律师

印　　刷：三河市华东印刷有限公司

装　　订：三河市华东印刷有限公司

本书如有破损、缺页、装订错误，请与本社联系调换，电话：010-63131930

开　　本：170mm×240mm

字　　数：244 千字　　　　　　　印　　张：14

版　　次：2025 年 5 月第 1 版　　印　　次：2025 年 5 月第 1 次印刷

书　　号：ISBN 978 - 7 - 5194 - 8734 - 8

定　　价：89.00 元

序

冬去春来，我在繁忙的工作之余，喜读了曹挹芬的著作《新时代高校思想政治教育发展质量研究》。教育高质量发展是中国特色社会主义进入新时代新征程的重要任务，新时代高校思想政治教育高质量发展正是题中之义。研究新时代高校思想政治教育发展质量，是我作为她在博士后工作期间的合作导师布置的工作任务。它既是国家社科基金重点项目《习近平总书记治国理政思想与党的思想政治教育发展研究》一个方面的研究成果，也是她自己主持的湖南省社科基金《新时代高校思想政治教育发展质量研究》的最终研究成果。

这部著作主要研究和论述了如下问题。

首先，厘清了新时代高校思想政治教育发展质量概念的内涵、本质与结构要素。作者从分析新时代高校思想政治教育所处的历史方位入手，通过对高校思想政治教育发展现状的调研，了解高校思想政治教育发展质量存在的问题与原因。在马克思主义理论、习近平新时代中国特色社会主义思想、思想政治教育学科理论指导下，借鉴哲学、经济学、管理学有关思想，厘清了新时代高校思想政治教育发展质量概念的内涵、本质与结构要素。新时代高校思想政治教育发展质量是指党的十八大以来高校思想政治教育发展的水平高低和效果优劣的程度。思想政治教育发展质量即思想政治教育主体、客体、内容、方法、载体、环境的发展满足社会的发展和人的全面发展的程度。其本质是高校思想政治教育的发展满足社会发展和人的发展需要程度的统一，是立德树人目标的达成程度。其结构要素包括教育内容、实施路径、队伍建设、人才培养、社会服务等内容要素与均衡度、持续度、覆盖度、有效度、满意度等程度要素。

其次，探索了推动高校思想政治教育发展质量提高的举措。针对新时代高校思想政治教育发展质量提升的问题与制约因素，探索了推动高校思想政治教育发展质量提高的举措。认为新时代高校思想政治教育发展质量提升的内容着力点是以习近平新时代中国特色社会主义思想为指导筑牢思想基础，以实现"中国梦"为核心坚定理想信念，以社会主义核心价值观为引领凝聚价值理念，以坚定"四个自信"为重点提高政治觉悟，以"明大德"为基础培养道德品质，以"建设社会主义法治国家"为统领提升法治素养，以培育人文素养为补充促进大学生全面发展。新时代高校思想政治教育在路径发展方面的时代拓展表现为学术研究与学科建设引领，思政课程与课程思政同行，传统媒体与新兴媒体整合，心理育人与思想道德育人并重，文化育人增强文化自信，实践育人拓宽视野才干。新时代高校思想政治教育发展的保障机制包括管理育人制度、服务育人制度、资助育人制度和组织育人制度。

再次，提出了新时代高校思想政治教育发展质量评价的原则，并对发展质量评价指标体系进行了调整改进。在对新时代高校思想政治教育发展质量评价探讨的基础上，提出了质量评价改进的原则，即理论指导与政策依据相结合、过程评价与结果评价相结合、定性评价与定量评价相结合、常规方法评价与新技术方法评价相结合、单项评价与综合评价相结合、自评纠偏与检查整改相结合。并按照教育主体、客体、内容、方法、载体、环境等方面的发展程度，对新时代高校思想政治教育发展质量评价指标体系进行了调整改进。改进后的指标体系和满意度评价具有评价内容的综合性、评价方法的多元性、评价目标的发展性等特点。

最后，研究了新时代高校思想政治教育高质量发展的规律。即新时代高校思想政治教育高质量发展必须坚持党的领导、加强学科研究、抓住内容着力点、拓展发展路径、加强队伍建设，注重效果评价并拓宽国际视野。

本书在写作上特点也很鲜明。一是注重从历史演进中看发展。注重研究历史发展，并广泛收集思想政治教育发展质量的研究文献，使研究充分吸收前人的成果。二是注重从现实分析中看发展。通过文献查询和线上线下调研，了解新时代高校思想政治教育主客体的思想政治素质现状和他们对思想政治教育发展的需求，以及高校开展思想政治教育的现状、存在问题和发展趋势。三是着眼理论政策研究指导高质量发展。书中对思想政治教育指导理论和国家文件的研究，不仅能深化思想政治教育理论的研究，也能丰富习近平新时代中国特色社会主义思想的研究，具有很强的理论探索意义。四是着眼未来谋划高质量发展。书中提出的提升高校思想政治教育发展质量的举措，以及质量评价原则与指标体系等，对推进思想政治教育的现代化建设、培养担当中华民族伟大复兴大任的时代新人，都具有重大的实践意义。

然而，新时代高校思想政治教育高质量发展，作为一种理念、一种状态，是一个持续不断的运动过程。这就意味着高校思想政治教育发展质量提升不是一劳永逸之事，需要在基础理论研究和实践工作创新中不断提高。在祝贺曹扼芬新作问世的同时，也期待她今后取得更多的学术成果。

特作以上文字，权且为序。

唐亚阳

2024 年 3 月于长沙

（唐亚阳，教授，博士生导师。湖南大学马克思主义理论博士后流动站合作导师，湖南科技大学党委书记。）

目 录
CONTENTS

绪　论

2020 年 10 月，党的十九届五中全会就作出了我国已进入高质量发展阶段的重大判断。2022 年 10 月，党的二十大报告明确指出，高质量发展是全面建设社会主义现代化国家的首要任务，并强调这是中国式现代化的本质要求。高质量发展不只是一个经济要求，而是对经济、社会、文化、生态等发展方方面面的总要求。2023 年 5 月，在中共中央政治局第五次集体学习时，习近平总书记再次强调，"要坚持把高质量发展作为各级各类教育的生命线，加快建设高质量教育体系"①。这进一步凸显了高质量发展是思想政治教育在新时代新征程上的首要工作。提升思想政治教育发展质量具有全局和长远的意义。

《新时代高校思想政治教育发展质量研究》是在习近平新时代中国特色社会主义思想指导下，有效吸收古今中外思想政治教育历史经验，运用马克思主义理论和思想政治教育学原理与方法研究新时代高校思想政治教育发展质量。我们从分析新时代思想政治教育所处的历史方位入手，通过对高校思想政治教育发展现状的调研，了解思想政治教育发展质量存在的问题与原因。在马克思主义理论、习近平新时代中国特色社会主义思想、思想政治教育学科理论指导下，厘清新时代高校思想政治教育发展质量概念的内涵、本质与结构要素，针对问题与原因，探索推动发展质量提高的举措，并对发展质量评估进行探讨。

---

① 习近平在中共中央政治局第五次集体学习时强调加快建设教育强国　为中华民族伟大复兴提供有力支撑 [N]. 人民日报，2023-05-30（1）.

一、国内外研究现状

1. 国内研究现状

国内学界对质量及教育质量的概念及评价的研究比较丰富，也有涉及教育发展和思想政治教育发展的相关研究，特别是对高校思想政治教育理论与实践发展历程、取得成绩及不足的研究颇丰，能为本研究提供丰富的参考文献和观点方法启示。

关于教育质量和教育发展质量的研究：国内这方面研究主要涉及质量、教育质量概念内涵的研究，以及高等教育发展质量、医学教育发展质量、职业教育发展质量、基础教育发展质量、大众化教育发展质量、研究生教育发展质量、学前教育发展质量等；关于质量、教育质量概念内涵的研究。质量最初兴起于工商企业领域。企业领域对"质量"的认识，整体上经历了从符合标准到符合使用要求，到符合成本要求，再到符合潜在需求的三次飞跃、四个时代。[①] 有学者在归纳梳理语义学、哲学、经济学、管理学、国外质量专家等质量认知基础上，认为质量的本质有两点：质量是客观性与主观需求的结合；质量是一种价值判断。[②] 关于教育质量的概念，顾明远教授提出："教育质量是对教育水平高低和效果优劣的评价"，认为衡量质量的标准是总的教育目的和各级各类的培养目标，教育质量的优劣高低最终通过学生来表现。[③] 潘懋元教授认为，教育质量是教育充分发展个人才能以适应社会的需要，对社会能充分发挥作用，对学生能力有明显提高。[④] 关于高等教育质量概

---

① 王建华. 树立科学的教育质量观，以质量为核心改革教育模式 [J]. 中国高等教育，2010（Z3）：27-30.

② 董泽芳，何青. 高校目标管理面临的困惑与思考 [J]. 高教发展与评估，2009，25（04）：23-31+121.

③ 顾明远.《教育大辞典（第一卷）》[Z]. 上海：上海教育出版社，1990：67-70.

④ 潘懋元. 高等教育大众化的教育质量观 [J]. 清华大学教育研究，2000（01）：11-15.

念，学界研究也很丰富，黄蓉生教授将学界研究观点归纳为传统硬件论、现代多元论、层次类别论、水平极差论、结果论、目标论等六大类。① 有学者指出，对高等教育质量概念的分析，需要在"质量"概念研究的基础上，从内涵和外延两方面来进行探析。从内涵来看，它是高等教育产品和服务满足高等教育系统内外明确或隐含需要的能力的特性总和；从外延来看，既可从纵向上分为教育投入质量、教育过程质量和产出质量，也可从横向上分为人才培养质量、科学研究质量和社会服务质量，还可从教育活动上分为教学质量、管理质量和为教学提供服务的质量。② 而关于高等教育发展质量，有学者指出：党的二十大对教育工作进行了战略部署，高等教育高质量发展要完整、准确、全面贯彻领会"创新、协调、绿色、开放、共享"新发展理念的深刻内涵，着力从加强党的全面领导、培养造就拔尖创新人才、深化教育综合改革、推进教育数字化、服务国内国际发展格局、办好人民满意的教育等六方面，走好走实高质量发展道路，从而为建设高等教育强国、推进中国式现代化进而实现中华民族伟大复兴服务。③

关于思想政治教育与高校思想政治教育发展的研究：国内有学者提出了较有代表性的思想政治教育发展的概念，指出："思想政治教育发展等同于思想政治教育现代化，是思想政治教育观念、内容、方式、体制、模式等各方面适应现代社会发展和人的发展需要，并促进社会发展和人的发展的改革、转变的过程。"④ 关于思想政治教育发展的路径，

---

① 黄蓉生. 思想政治教育学科的发展趋向 [J]. 思想教育研究，2010 (08)：14-16.
② 余小波. 高等教育质量保障活动中三个基本概念的辨析 [J]. 长沙理工大学学报（社会科学版），2005 (03)：121-124.
③ 王长旺. 论新时代高等教育高质量发展的内涵、价值及路径 [J]. 湖北科技学院学报，2023，43 (06)：104-109.
④ 张耀灿. 思想政治教育学科定位与建设的思考 [J]. 学校党建与思想教育，2006 (07)：6-8.

有学者认为，理念、内容、手段和队伍共同构成了思想政治教育发展的路径。① 思想政治教育的高质量发展主要包含三个层次的含义：首先，思想政治教育要实现"扩大再生产"。其次，思想政治教育要在质量与效益上发展。最后，思想政治教育要有更高的质量追求。② 新时代、新征程赋予了思想政治教育发展新使命，对思想政治教育内容、方法、质量、效益等提出了新要求。思想政治教育高质量发展是理念导向、过程导向和效果导向的有机统一。③ 高质量发展是全面建设社会主义现代化国家的首要任务，是中国式现代化的本质要求，新时代实现思想政治教育高质量发展，要坚持以人民为中心汇聚发展力量、以问题为导向回应现实需要、以制度为保障抓好关键环节，在中国式现代化进程中进一步发挥好思想政治教育的重要作用。④

关于思想政治教育质量的研究：一是思想政治教育质量概念的研究。思想政治教育学科创立伊始，就有研究者提出了"思想政治工作质量"的概念。王亚朴先生于 1987 年出版的《高等学校思想政治工作管理》一书认为广义的思想政治工作质量，包含人才本身的质量和思想政治工作质量两方面，其中，人才质量即民众的政治、思想、理论、道德、纪律等方面的素养，工作质量即为提升人才德育素质而开展的工作水平。郑永廷将大学生思想政治教育质量界定为"教育者的思想政治教育水平与满足大学生需要程度的状况"。⑤ 乔万敏等认为，思想政

---

① 徐艳国. 关于思想政治教育现代化的命题思考 [J]. 中国高等教育，2013（23）：34-35.

② 刘建军，邱安琪. 论新时代思想政治教育的高质量发展 [J]. 思想理论教育，2021（04）：49-54.

③ 沈壮海，刘灿. 论新时代思想政治教育的高质量发展 [J]. 思想理论教育，2021（03）：4-10.

④ 赵周鉴，林伯海. 中国式现代化视域下思想政治教育高质量发展论析 [J]. 学校党建与思想教育，2023（21）：17-21.

⑤ 郑永廷. 大学生思想政治教育质量提升的理论研究 [J]. 思想教育研究，2013（06）：14-16.

治教育质量"一般指思想政治教育达到效果的程度"。① 近年来,有更多的研究者对思想政治教育质量概念内涵进行了研究。秦在东教授在专著《社会主义精神质量:逻辑关联与价值转换》中立足于人类丰富的智慧资源的全面开发,以"哲学—自然科学"的全息方式对以往的质量概念蕴意进行了扩展,将质量概念的蕴意概括为如下方面:质量是一切事物存在的全息状态;质量是事物内部特有的价值规定方式;质量是一事物区别另一事物的关系定数和格化形式。② 冯刚从管理学视角阐释思想政治教育质量内涵,认为思想政治教育质量定位,就是要明确"产品"质量标准和"车间"的建设标准。③ 杨晓慧教授等认为思想政治教育质量是以思想政治教育活动提升受教育者思想政治素质及推动社会主流意识形态发展的程度与水平。④ 沈壮海以"高校思想政治工作的优劣程度"对高校思想政治工作质量概念进行了凝练的界定,并认为该优劣程度是由思想政治工作本身的性能等决定的,体现在对主体需求的满足、对预期目标的实现等方面。⑤ 二是高校思想政治教育质量提升理念、成绩与举措的研究。有学者提出:"以人为本"的理念和"创新、协调、绿色、开放、共享"的新发展理念应成为高校思想政治教育质量提升的指导思想。⑥ 高校思想政治教育质量提升的成绩与举措主

---

① 乔万敏,邢亮. 文化型:大学生思想政治教育质量提升的新模式 [J]. 社会科学战线,2014 (02):215-218.

② 秦在东. 社会主义精神质量:逻辑关联与价值转换 [M]. 湖北:华中师范大学出版社,2010:20-22.

③ 冯刚. 提升质量 务求实效 扎实推动研究生思想政治教育发展 [J]. 学校党建与思想教育,2015 (13):4-7.

④ 杨晓慧,任志锋. 论提升大学生思想政治教育质量的"时、度、效"[J]. 思想理论教育,2015 (07):8-12.

⑤ 沈壮海. 《思想政治教育发展报告 2016/2017》 [J]. 思想理论教育导刊,2018 (12):162.

⑥ 李颖. 基于五大发展理念下的高校思想政治教育质量提升方法研究 [J]. 才智,2018 (02):93.

要表现在：第一是各有关部门、各地各高校出台了提升高校思想政治教育质量的实施方案和配套文件。第二是教育部深入开展学习调研。第三是国家制订出台实施方案。第四是完善工作体制机制。第五是聚焦突破重点难点。主动打好打赢高校党的领导、基层党建和思想政治理论课"三大战役"。2017 年实施"高校思政课教学质量年""导向正了，取向好了，风向变了，气象新了，志向大了"。① 特别是教育部出台了《高校思想政治工作质量提升工程实施纲要》，详细规划了课程、科研、实践、文化、网络、心理、管理、服务、资助、组织等"十大育人"体系的实施内容、载体、路径和方法。② 为进一步促进研究生思想政治教育高质量发展，应以研究生群体特征为抓手，坚持问题导向和需求导向，以课程育人、科研育人、网络育人为出发点，构建"坚持一个核心、融合三种模式"的高质量发展方略。③

关于高校思想政治教育质量评价的研究：高校思想政治教育工作质量评价坚持以政策文件为根本依据、以标准规范为重要抓手、以事实评价为主体格局，呈现出定性定量评价结合、评价标准加速更新、多层次评价体系逐步形成、多领域评价格局逐渐拓展等特点。④ 近年来，关于高校思想政治教育质量评价的研究和实践主要从以下方面展开：一是中国思想政治教育质量评价史研究。二是高校思想政治教育质量评价理论基础研究。主要是从理论方面阐释高校思想政治教育质量评价原则。近

---

① 打赢思政课质量提升攻坚战——全国高校思政课改革创新综述［N］. 中国教育报，2018-01-22（02）.

② 本刊记者. 全面贯彻落实全国高校思想政治工作会议精神努力开创高校思想政治工作新局面——访教育部思想政治工作司司长张东刚［J］. 思想理论教育导刊，2017（03）：4-8.

③ 薛政，赵丹曦. 新时代背景下研究生思想政治教育高质量发展模式的构建［J］. 大连大学学报，2023，44（03）：117-122.

④ 冯刚. 以百年党史丰厚底蕴引领思想政治教育学科高质量发展［J］. 思想理论教育导刊，2021（10）：106-111.

年来，关于评价原则的观点有党性原则、实事求是原则、历史性原则、动态性原则、对比性原则、系统性原则等。① 实践维度的原则集中在定性与定量评价相结合原则、全面评价与重点评价相结合原则、静态评价与动态评价相结合原则、形成性评价与总结性评价相结合原则、自我评价与他人评价相结合原则等。也有研究强调了依据"行为判断思想"原则开展大数据评价。② 三是高校思想政治教育质量评价指标体系研究。研究指标体系必须先研究质量的构成要素，从现有文献来看，学界缺乏专门的高校思想政治教育质量构成要素的研究，而高等教育质量要素的研究可以给我们启示，有学者认为高等教育质量要素包括教育目标质量、教育过程质量、教育制度质量、教育设施质量以及教育产品质量等五方面。③ 有学者提出，从纵向上，高等教育质量包括投入质量、过程质量和产出质量等要素，从横向来看，包括人才培养质量、科研质量、社会服务质量等。④ 在高校思想政治教育质量评价指标体系研究中，一些学者主要是基于教育自身的要素来研究指标体系的构建。有研究从整体框架、人员组织、要素设计、评估方法等内容入手，并设立了案例和问卷，定性与定量相结合，尝试搭建思想政治教育质量评价指标体系。有学者将高校德育评估构成要素细化为目标、内容、指标标准、途径方法、评估主体等子要素。⑤ 四是高校思想政治理论课教育教学评

① 王斌. 思想政治教育评估研究 [D]. 重庆：西南师范大学，2004；万美容. 论评价对大学生思想政治教育质量提升的作用 [J]. 思想理论教育，2015（07）：13-17.
② 成春，李向成. 定性与定量测评相结合原则在大学生思想政治教育测评中的应用研究 [J]. 思想教育研究，2013（12）：59-62；王莎. 大数据评价：把脉高校学生思想动态的现实选择 [J]. 思想理论教育，2017（10）：107-111.
③ 赵蒙成，周川. 高等教育国际化的新趋势及我国的对策 [J]. 扬州大学学报（高教研究版），2000（01）：8-11.
④ 余小波，刘潇华，张亮亮. 我国高等教育质量保障的发展与评析 [J]. 高等教育研究，2020，41（02）：36-4.
⑤ 冯刚. 思想政治教育工作质量评价的时代特征 [J]. 思想教育研究，2018（05）：67-71.

价研究。有研究总结出高校思想政治理论课教育教学评价的主要做法是教师教学评价成为重点，评价内容和方式向立体化多方位发展，课程建设评估方案、教学评建机构和教学督导制度都在逐渐推进，学生学习效果注重全过程考核，实践能力和研究能力成为考核亮点。[①]

2. 国外研究现状

在国外，哲学、管理学、经济学、教育学等学科对质量问题的研究起步较早，研究成果十分丰富。早在古希腊时期，对质量问题的探讨就出现在相关哲学著作中，随后质量成为物理学等自然学科研究的重要范畴。近现代以来，"质量热"先后出现在管理学、经济学、教育学等社会科学领域，各领域研究者对质量问题进行了富有成效的研究。国外相关研究成果的论题主要涉及质量的内涵、质量的构成要素和表现形态、质量的评价、质量的提升路径等。

关于质量的内涵。有学者总结出国外高等教育质量的七种观点：作为卓越、杰出或优秀的质量，作为"零误差"的质量，作为适应目标的质量，作为转化的质量，作为门槛的质量，作为改进和提高的质量，作为值钱的质量。[②] 国际标准化组织（简称 ISO）经过四次修订改进，最近的修订将质量定位为："一组固有特性满足要求的程度。"[③] 这成为较为公认的观点。

关于教育质量评估。国外对教育质量评估、教育质量保障、教育质量认证等教育质量管理内容研究丰富。毕卡斯·C. 山亚（Bigas·C. Samya）和米卡伊尔·马丁（Mikhai l Martin）在谈及质量保证和质

---

① 梅萍，贾月. 近十年我国高校学生评教有效性问题研究述评 [J]. 现代大学教育，2013（04）：29-34+111.

② 许明. 高等教育质量保障体系的国际比较 [M]. 大连：辽宁师范大学出版社，2004：3-5.

③ 李杨、吴丹、张志强. 国际质量管理体系及应用 [M]. 武汉：中国地质大学出版社，2014：21.

量认证问题时指出，高等院校、专业及课程的质量可以通过他们在投入、过程和产出方面满足一套最低标准的程度加以判断。美国学生教育事务管理的评估重视政府、社会第三方机构、学生等多元主体参与。如美国的 NASPA（美国学生人事管理者协会）、ACPA（美国大学生人事协会）等机构，作为第三方评估高校学生事务是其重要职责之一。美国约翰·布伦南（John Owen Brennan）和特拉·沙赫（Tela Shah）指出："我们用'质量管理'（quality management）这个相对较为广义的概念描述对高教质量的判断、决策和行动的整个过程①。"英国学者路易斯·莫利（Luis Morris）指出质量管理是"质量程序将独特的理性和道德转化成管理和专业行为的新形式"。②

而关于西方主流意识与价值观教育质量评价的研究相对较少。有的学者梳理西方古今名人或是学术流派的相关思想，延伸至教育学、心理学等学科领域，总结出西方现代德育评估理论有评估标准多元化、评估形式自主性、评估方法定量化、评估本质个体化等特征。研究认为，西方德育评估经历了从目标评价转向过程评价，到效能评价转向价值评价，再到结果评价转向素质评价的一系列过程，从而指出相比教育评估的其他领域，德育评估依然是相当薄弱的领域。③ 也有研究专注于具体国别的比较研究，重点在评价理论、指标体系、实施方法等方面进行探讨。④ 有研究提出西方价值观教育评价中，定量研究、质性研究和行动研究都发挥着重要作用，科学取向的评价研究通过测量行为等外显变

① ［美］约翰·布伦南和特拉·沙赫. 高等教育质管理——一个关于高等院校评估和改革的国际性观点 ［M］. 上海：华东师范大学出版社，2005：11.

② ［英］路易斯·莫利. 高等教育的质量与权力 ［M］. 罗慧芳（译）北京：北京师范大学出版社，2008：23.

③ 秦尚海，周珊珊，曹杨. 高校研究生道德教育浅议 ［J］. 中国高教研究，2003（01）：62-63.

④ 韩迎春，范群. 中美高校德育模式建设的实践分析 ［J］. 现代远距离教育，2011（03）：46-48.

量,推测价值观这个潜在变量,并以统计计算说明各变量之间的关系,侧重以学生、教师和家长的视角看待价值观教育的过程及效果。诠释取向与行动取向的评价研究凸显价值观教育的主观性与主体性,侧重鼓励当事人参与评价过程,进行主动思考与反思。[①] 有研究系统整理了 20 世纪 80 年代中后期以来,美、英、法、德、日、荷、澳等国家高等教育质量保证体系的产生背景、组织机构、质量标准和运行机制,对质量保证体系的整体构建进行了国别比较研究。[②]

3. 国内外研究动态及趋势

综上所述,我们发现:关于"思想政治教育发展"的研究,近年来学界对"思想政治教育高质量发展"的研究取得了诸多进展,如思想政治教育发展的特征、原则、着力点与方向、发展的路径等,但缺乏高校思想政治教育发展质量的研究,关于推进高校思想政治教育发展质量提升的系统研究也欠缺。关于"思想政治教育质量"的研究主要集中在高校思想政治教育质量提升的理念和质量提升的举措与经验等方面,关于思想政治教育发展质量的结构与要素的具体研究欠缺。关于"思想政治教育质量评价"的研究,已出现高校思想政治工作质量评价的时代特征研究、中国思想政治教育质量评价史研究、高校思想政治教育质量评价理论基础研究和思想政治教育单项工作评价指标体系的研究,但缺乏发展质量评价的研究。因此,研究新时代高校思想政治教育发展质量大有可为。

二、研究内容与方法

本书以新时代高校思想政治教育发展质量为研究对象。

---

① 王熙. 西方价值观教育评价的研究范式与研究方法 [J]. 教育学报, 2017, 13 (04): 57-62.

② 马健生, 宋薇薇. 美国"国家教育进展评估"的特点与局限解析 [J]. 比较教育研究, 2014, 36 (05): 95-100.

1. 研究的总体框架与主要内容

第一章研究历史方位：高校思想政治教育发展进入新时代新征程。一是新变局倒逼新时代新征程的高校思想政治教育高质量发展（国际）。新变局的表现与成因、机遇与挑战倒逼新时代新征程高校思想政治教育高质量发展，新变局的意识形态挑战倒逼新时代新征程高校思想政治教育内容创新，新变局的科技革命倒逼新时代新征程高校思想政治教育手段创新。二是新全局推动新时代新征程高校思想政治教育高质量发展（国内）。新全局的历史与经验、人才强国战略、主要矛盾变化、主要任务都推动新时代新征程高校思想政治教育高质量发展。三是新变化亟待高校思想政治教育高质量发展（主客体），即高校思想政治教育工作者和教育对象大学生的认知特点、思维模式、思想状况、行为方式的变化都亟待思想政治教育高质量发展。四是新理论指导新时代新征程高校思想政治教育高质量发展。

第二章进行理论解析：新时代高校思想政治教育发展质量的概念与理论。在梳理哲学、经济学、管理学、教育学质量概念的基础上，厘清新时代高校思想政治教育发展质量的概念，指出马克思主义关于思想政治教育的理论、中国共产党领导人关于思想政治教育的理论、国家关于思想政治教育的法律法规及文件精神是新时代高校思想政治教育发展质量研究的指导理论；西方现代教育评价理论、成果导向教育（OBE）理念与模式是新时代高校思想政治教育发展质量研究的借鉴思想。

第三章凸显问题意识：新时代高校思想政治教育发展质量的现状与制约因素（调研）。通过文献查询了解新时代国家有关高校思想政治教育发展质量检查评估情况，通过现实和网络调研了解新时代湖南省高校师生主流意识形态认同现状及高校思想政治教育状况。在此基础上分析新时代高校思想政治教育高质量发展的现状与问题。

第四章研究内容发展：新时代高校思想政治教育发展质量提升的内

容着力点。研究了中国共产党百年思想政治教育内容的历史演进，分析了新时代高校思想政治教育在内容发展方面的时代拓展及内容发展的主要特征。

第五章研究发展路径：新时代高校思想政治教育发展质量提升的路径与保障。研究了中国共产党百年思想政治教育路径的历史演进，分析了新时代高校思想政治教育在路径发展方面的时代拓展，探索了新时代高校思想政治教育发展的保障机制。

第六章研究质量评价：新时代高校思想政治教育发展质量评价的思考。研究了高校思想政治教育质量评价的历史演进，分析了新时代高校思想政治教育发展质量评价的现状与特点，提出了新时代高校思想政治教育发展质量评价的原则，并对新时代高校思想政治教育发展质量评价的指标体系进行调整改进。

关于重点难点。重点：一是以习近平新时代中国特色社会主义思想与思想政治教育的学科理论为指导，厘清高校思想政治教育发展质量概念的内涵、本质、结构要素与形成过程。二是依据新时代高校思想政治教育的新使命新要求，研究高校思想政治教育发展质量提升的内容着力点、主要路径与制度保障。难点：一是新时代高校思想政治教育发展质量的结构要素。二是新时代高校思想政治教育发展质量评估的指标体系。

关于主要目标。第一，以习近平新时代中国特色社会主义思想与思想政治教育的学科理论为指导，厘清高校思想政治教育发展质量概念的内涵、本质与结构要素。第二，依据新时代高校思想政治教育的新使命新要求，研究高校思想政治教育发展质量提升的内容着力点、主要路径与制度保障。第三，根据上述研究，形成高校思想政治教育发展质量的评价内容与指标体系。

2. 研究方法

文献研究法：研究思想政治教育发展质量，必须在研究思想政治教育历史演进的基础上，因此一方面要深入研究思想政治教育的历史文献；另一方面要广泛收集思想政治教育发展质量的研究文献，以及有关十八大以来习近平关于高校思想政治工作的论述和新时代高校思想政治教育国家相关文件和相关研究的文献。这样，我们的研究才能有厚重的历史感，才能充分吸收前人的研究成果。

调查研究法：采用问卷调查（纸质问卷，网络问卷）、座谈、访谈等方式，了解新时代高校思想政治教育主客体的思想政治素质现状和他们对思想政治教育发展的需求，以及高校开展思想政治教育的现状。

理论分析法：运用马克思主义理论、习近平新时代中国特色社会主义思想、党的二十大精神、思想政治教育学科理论分析新时代思想政治教育面临的主要矛盾、问题和原因，厘清新时代高校思想政治教育发展质量概念的内涵、本质与结构要素，并针对问题与原因，探索推动发展质量提高的举措，形成发展质量评估的指标体系。

三、研究价值与创新

1. 研究价值

学术价值：新时代高校思想政治教育发展质量研究，在习近平新时代中国特色社会主义思想及党的二十大精神指导下，对思想政治教育发展质量本质和发展质量结构要素的探索，不仅能深化思想政治教育理论的研究，也能丰富习近平新时代中国特色社会主义思想的研究，有重要学术价值。

应用价值：新时代高校思想政治教育发展质量研究中提出的提升高校思想政治教育发展质量的举措（内容深化、路径优化、制度保障、质量评价）对巩固社会主义意识形态，推进习近平新时代中国特色社会主义思想和党的二十大精神进学术、进科研、进学科、进教材、进课堂、进头脑，培养担当中华民族伟大复兴大任的时代新人，推进思想政治教育的现代化，都具有重大的实践意义。

2. 创新之处

（1）提出了新时代高校思想政治教育发展质量的概念。认为思想政治教育发展质量即思想政治教育主体、客体、内容、方法、载体、环境（思想政治教育构成要素）的发展满足社会的发展和人的全面发展的程度。其本质是高校思想政治教育的发展满足社会发展和人的发展需要程度的统一，是立德树人目标的达成程度。其结构要素包括内容要素与程度要素：内容要素包括教育内容、实施路径、队伍建设、人才培养、社会服务等；程度要素包括均衡度、持续度、覆盖度、有效度、满意度等。

（2）依据新时代高校思想政治教育的新使命新要求，提出了高校思想政治教育发展质量提升的内容着力点、主要路径与制度保障。内容着力点是以习近平新时代中国特色社会主义思想为指导筑牢思想基础，以实现"中国梦"为核心坚定理想信念，以社会主义核心价值观为引领凝聚价值理念，以坚定"四个自信"为重点提高政治觉悟，以"明大德"为基础培养道德品质，以"建设社会主义法治国家"为统领提升法治素养，以培育人文素养为补充促进大学生全面发展。

（3）提出了改进新时代高校思想政治教育发展质量评价的原则，即理论指导与政策依据相结合、过程评价与结果评价相结合、定性评价与定量评价相结合、常规方法评价与新技术方法评价相结合、单项评价与综合评价相结合、自评纠偏与检查整改相结合的原则。并根据这些原则对新时代高校思想政治教育发展质量评价指标体系进行了调整改进。

第一章

历史方位：高校思想政治教育发展进入新时代新征程

2012 年党的十八大召开，标志着中国特色社会主义建设进入新时代。2022 年党的二十大召开，标志着中国特色社会主义建设进入新时代新征程。习近平总书记在党的二十大报告"新时代新征程中国共产党的使命任务"中指出："从现在起，中国共产党的中心任务就是团结带领全国各族人民全面建成社会主义现代化强国、实现第二个百年奋斗目标，以中国式现代化全面推进中华民族伟大复兴。"① 他在庆祝中国共产党成立 100 周年大会上强调："新的征程上，我们必须增强忧患意识、始终居安思危，贯彻总体国家安全观，统筹发展和安全，统筹中华民族伟大复兴战略全局和世界百年未有之大变局，深刻认识我国社会主要矛盾变化带来的新特征新要求，深刻认识错综复杂的国际环境带来的新矛盾新挑战。"② 中华民族伟大复兴战略全局和世界百年未有之大变局就是高校思想政治教育发展进入新时代新征程的历史方位。

---

① 习近平. 高举中国特色社会主义伟大旗帜为全面建设社会主义现代化国家而团结奋斗：在中国共产党第二十次全国代表大会上的报告［M］. 北京：人民出版社，2022：21.
② 习近平. 习近平著作选读：第 2 卷［M］. 北京：人民出版社，2023：486.

第一节　新变局倒逼高校思想政治教育高质量发展

2017年12月，习近平在接见回国参加驻外使节工作会议的全体使节时指出："放眼世界，我们面对的是百年未有之大变局。"① 这是习近平首次在公开场合提出"世界百年未有之大变局"的论断。这一论断，以宽广的历史视野、科学的辩证分析，准确地把握了变幻诡谲的世界局势的本质特征，是我们认识当今世界局势的根本遵循。也是高校思想政治教育发展进入新时代新阶段的国际背景。

世界百年未有之大变局倒逼高校思想政治教育发展进入新时代新阶段表现在：

一、新变局的表现与成因倒逼高校思想政治教育高质量发展

把握世界百年未有之大变局的表现与成因必须加强马克思主义理论与思想政治教育，促进新时代新征程高校思想政治教育高质量发展。

马克思主义强调："我们判断这样一个变革时代也不能以它的意识为根据；相反，这个意识必须从物质生活的矛盾中，从社会生产力和生产关系之间的现存冲突中去解释。"② 对世界百年未有之大变局的考察须基于社会生产力和生产关系的矛盾运动去理解其表现与成因，这就必须加强马克思主义历史唯物主义原理的教育。

从历史的演变来看，世界是在生产力与生产关系的对立统一中发展的。社会生产力是处于不断发展变化中的，量的积累到达了一定程度就

---

① 习近平接见二〇一七年度驻外使节工作会议与会使节并发表重要讲话 [N]. 人民日报，2017-12-29（1）.

② 马克思恩格斯文集：第 2 卷 [M]. 北京：人民出版社，2009：592.

会发生质变产生新的生产力，社会就会被推向前进。生产力的发展变化推动生产关系的变革，世界就是在生产力与生产关系的对立统一中发展的。

世界百年未有之大变局在经济领域的主要表现是新一轮科技革命和产业变革正在塑造新的生产方式，发展中国家和新兴经济体实力上升明显。近几年，发展中国家对世界经济增长的贡献率逐步攀升，而西方老牌发达国家经济发展活力已显不足。同时，国家间的科技竞争达到了历史上前所未有的激烈程度，美国对华发起贸易战、对中国高新技术企业实行无理打压就是例证。

百年未有之大变局在政治领域的表现是大国政治实力对比发生明显变化，旧的国际秩序正在松动。从一战后的凡尔赛—华盛顿体系到二战后的雅尔塔体系，再到冷战结束后的"一超多强"力量格局，世界政治格局虽然几经演变，但权力总体分布都呈现"西高东低""西主东从"的特点，而当前之大变局则呈现出世界政治格局"东升西降"的特点。发展中国家和新兴大国群体崛起，"一超多强"的态势向多极化力量格局演变。虽然以美国为首的西方国家在国际秩序中仍占据主导地位，但越来越多的非西方力量参与到国际秩序的建设、改革和创新中，希望谋求构建更加民主、公平、正义的国际秩序。中国积极承担国际责任，推动构建"一带一路"、发起构建人类命运共同体倡议就是例证。

百年未有之大变局的另一个突出表现是传统安全问题与非传统安全问题激烈交织，也引起了全球治理之变。当今世界，在政治、军事、经济、金融、文化、社会等各种矛盾交织作用下，国际形势复杂多变，动荡不安，突发事件不断。传统安全问题上升，俄乌冲突、巴以冲突和一些地区冲突不断。而各种非传统安全问题也日益凸显，在与传统安全问题的激烈交织中给人类社会提出了更加复杂的难题。恐怖主义、难民危机、气候变化、金融风险、网络治理风险、世纪疫情等成为全球共同应对的挑战。原来由西方大国集团协商解决全球治理问题的机制逐渐失灵失效，与此同时，主要由传统大国主导和提供的国际组织、国际条约、国际制度等全球治理基础架构和公共产品，近年来屡屡遭到破坏，削弱了现有的全球治理效能。重塑新国际秩序的要求更为迫切。

总体上看，世界百年未有之大变局本质是人类社会在一个相对较长的时期里发生的带有趋向性的大发展、大变革、大调整、大转折、大进步。其发展演变深刻影响着人类社会的发展方向和世界人民的共同福祉。世界大变局，以科技革命和产业革命的突飞猛进为根本动力，以世界经济和政治格局的巨大变化为主要表现，以国际体系和国际秩序的深刻调整为基本方向，以人类文明的多样性发展和不同文明的交流互鉴为重大愿景。但同时会给国际社会带来许多新的风险和挑战。如何正确认识百年未有之大变局的成因和本质？如何充分认识中美战略博弈是推动大变局的核心因素？如何在"东升西降"大趋势的世界格局深刻调整中保持战略定力和清醒？这些都倒逼我们必须加强马克思主义理论与思想政治教育，促进新时代新征程高校思想政治教育高质量发展。

二、新变局的机遇与挑战倒逼高校思想政治教育高质量发展

辨识世界百年未有之大变局的机遇与挑战必须加强马克思主义理论与思想政治教育，促进新时代新征程高校思想政治教育高质量发展。

用马克思主义的立场观点方法观察世界要看到事物既对立又统一的一面，即当今世界发展是机遇与挑战并存的，面对百年未有之大变局，我们要理性客观地看待世界经济、政治、文化、生态、全球治理等多个领域均在发生的前所未有之变化，既看到这些变化的有利方面，也要看到这些变化带来的风险挑战。正如习近平总书记指出的："世界面临百年未有之大变局，变局中危和机同生并存。"① 世界局势变革犹如一柄

① 中央经济工作会议在北京举行习近平李克强作重要讲话 栗战书汪洋王沪宁赵乐际韩正出席会议 [N]. 人民日报, 2018-12-22 (1).

双刃剑，为人类社会带来严峻的挑战和宝贵的机遇。

一方面，大变局带来了新机遇。世界百年未有之大变局蕴藏着新的进步空间，为重塑国际政治格局提供了宝贵的机遇。置身于世界百年未有之大变局，部分发达国家一改往昔领导世界的强烈意愿，他们在承担全球责任和履行国际义务时表现出消极怠倦的心态，而反观广大新兴市场国家和发展中国家，积极参与全球事务、坚定地主张和维护多边主义，为推动全球治理体系变革和全球治理能力跃升作出了重要贡献。这些新变化导致国际力量对比向多元、平衡的方向演进，为重塑世界格局提供了难得的机遇。同时也为中国建设社会主义现代化强国、实现中华民族伟大复兴提供了机遇。再者，新技术的发展和应用带来了更加发达的生产力，国际上霸权主义衰落、新兴经济体崛起，这些都为世界发展带来了机遇。

另一方面，大变局带来了新挑战。世界百年未有之大变局引起人类社会动荡不安，人们面临的风险挑战与日俱增。世界范围内，国家间的经济利益矛盾日趋激烈，政治制度隔阂与意识形态冲突也从未消失。国际舞台上大国之间的博弈对抗引发全球秩序的调整，世界局势的不稳定性、不确定性因素激增。近几年，全球经济增长放缓、国际秩序面临新的变革、意识形态领域斗争更加激烈、全球治理问题突出等加重了世界发展的不稳定性。俄乌战争、巴以冲突更是为世界和平蒙上了一层阴影，接下来的竞争将更激烈，挑战也将更加严峻。

如何辨识世界百年未有之大变局的机遇与挑战？中国如何保持战略定力抓住机遇应对挑战？中美战略博弈是推动大变局的核心因素，中美如何在竞争与合作并存的轨道上长期前行？同时在中美关系日趋紧张的今天，如何做好中美可能存在冲突的心理和实力的双重准备？中国如何始终秉持和平、发展、合作、共赢的理念，积极参与全球治理，有效推进人类命运共同体的构建？这些都倒逼我们必须加强马克思主义理论与思想政治教育，促进新时代新征程高校思想政治教育高质量发展。

三、新变局的意识形态挑战倒逼高校思想政治教育内容创新

意识形态作为上层建筑中的重要部分，一直受到统治阶级的重视，而意识形态领域斗争越来越成为大国博弈的重要手段。

第二次世界大战以后，多数发展中国家的现代化之路都是按照西方理念设计的，美国更是在1989年以"华盛顿共识"之名为拉美经济改革开出了十项主张。然而几十年过去了，那些遵从西方道路的发展中国家非但没有实现现代化，反因屡遭经济与金融危机而陷于困顿。道路决定命运，发展中国家要牢牢把握发展道路的领导权，找出符合本国国情的发展道路。中国的现代化之所以取得了历史性成就，是因为找到了中国特色社会主义这条道路。

这条中国特色社会主义的复兴道路与西方意识形态完全相左，我们既坚持科学社会主义的基本原则，也注重发挥市场经济的商品交换原则；既坚持以经济建设为中心不断增加财富总量，也坚持以人民为中心不断满足人民对美好生活的向往。这使中国特色社会主义成为不同于西方实现社会现代化的另一条路。

大变局中随着中国的日渐强盛，经济领域和政治领域的斗争必然会带来意识形态领域的博弈。尤其需要引起我们重视的是他们正在加紧对中国青年一代的争夺，高校已成为意识形态斗争的前沿阵地。如何增强社会主义意识形态的吸引力、凝聚力、战斗力？如何实现社会主义意识形态的民众认同？如何提升我国社会主义意识形态的国际话语权？这些都倒逼新时代新征程高校思想政治教育的内容创新。

四、新变局的科技革命倒逼高校思想政治教育手段创新

生产力的大发展是世界百年未有之大变局的物质动因。当前推动生产力大发展的新一轮科技革命有代表性的技术包括人工智能、大数据、

5G、云计算、物联网、量子通信与计算、可控核聚变等，这一轮科技革命有望将人类社会和工业生产带入智能时代。新一轮科技革命表现出的主要特征是技术的传播速度快，技术更迭周期短，科技革命向产业化的转化效率更高，大大缩短了新技术的应用周期，相关产业迅速崛起，创新推动进步的作用更加凸显。同时新一轮产业革命已经渗透到了社会发展和生活的各个领域中。新技术的广泛应用推动了各领域的研究和相关学科发展，并且催生了许多新兴领域和产业。2023 年 9 月，习近平总书记在黑龙江省视察时首次提出了"新质生产力"这一重要概念。它是由技术革命性突破、生产要素创新性配置、产业深度转型升级而催生的当代先进生产力。它以劳动者、劳动资料、劳动对象及其优化组合的质变为基本内涵，以全要素生产率提升为核心标志。其发展必须带来生产关系的协同跟进。新质生产力发展既赋能高校思想政治教育工作，又对思想政治教育提出了新问题。它是把双刃剑，积极运用引导则成，消极放任自流则败。

新质生产力中的生产工具新技术不仅给科学研究和学科发展注入了新的活力，而且还对人类的生活产生了巨大的影响，将深刻影响和改变人类的生产生活。人工智能和大数据的应用使人类生活更加便利和智能，不仅体现在衣食住行等各方面，还涉及经济、政治、文化、教育等各个领域。谁先掌握了新技术，谁先将新技术转化为产业变革，谁就赢得了发展的先机。马克思主义理论与思想政治教育如何抓住新质生产力发展的机遇，应对挑战？如何运用新质生产力的新技术建设智慧课堂？如何实现泛在教育产生更大的实效性？如何建构更先进的混合式教学？这些都倒逼新时代新征程高校思想政治教育手段创新。

第二节　新全局推动高校思想政治教育发展进入新时代

中华民族伟大复兴的战略全局是大局。之所以是"战略全局"，在于中华民族伟大复兴是中华民族近代以来最伟大的梦想，是中国共产党肩负的历史使命，是改革发展稳定、内政外交国防、治党治国治军的奋斗目标。这个战略全局，不仅要建成高度发达的社会主义物质文明，还要着眼全面，把中国建成富强民主文明和谐美丽的社会主义现代化强国。这个战略全局，不仅要实现国家富强、民族振兴、人民幸福，还要推动构建新型国际关系，推动构建人类命运共同体，为世界的和平与发展作出更大的中国贡献。谋划中华民族伟大复兴战略全局、实现中华民族伟大复兴是中国共产党人的历史使命，也是推动高校思想政治教育发展进入新时代新阶段的背景。

一、新全局的历史与经验推动高校思想政治教育高质量发展

追溯中华民族的历史，近代以前的中国曾长期领先于世界，勤劳智慧的中国人民创造了先进的生产力和先进的科学技术，中华民族拥有灿烂辉煌的文明。然而，自18世纪下半叶中国社会逐步走向封建社会的末世，特别是鸦片战争以后，西方列强纷至沓来对中国进行军事侵略、侵占领土、经济掠夺、政治控制及文化渗透，使中国逐步沦为半殖民地半封建社会。自此，实现民族复兴和国家富强，成为无数仁人志士的伟大梦想与不懈追求，近代以来中国历史围绕争取民族独立和人民解放、实现国家富强和人民幸福的主题主线展开，近代中华民族百余年的历史是追求民族复兴实践的写照，中国共产党团结带领人民逐梦民族复兴的过程，不仅增强了中国的综合国力，使中华民族和中国人民的国际形象

获得正面重塑，而且为地区和平稳定、世界经济发展以及人类文明进步等作出了重要贡献。

中国要实现中华民族伟大复兴的伟大梦想，中国共产党必须肩负起历史使命，团结带领人民为之奋斗，必须让广大人民群众特别是中国精英了解中华民族逐梦民族复兴的历史过程与中国共产党百年奋斗的伟大成就和基本经验，以凝聚共识，不懈奋斗，这就必须加强高校思想政治教育，推动新时代新征程高校思想政治教育高质量发展。

二、新全局人才强国战略推动高校思想政治教育高质量发展

人才及人才发展对大国复兴极其重要，人才工作在国家战略全局中有着极其关键的位置。人才强国战略的内容和内涵是由国家总体战略阶段的需要决定的。面对"百年未有之大变局"，当前我国正力求通过高质量发展、创新驱动发展和科技自立自强推动实现中华民族伟大复兴中国梦。这种战略范式的升级和转变，要求我们在未来一段时间，能够独立独创解决一系列影响国计民生的重大性、基础性国家课题，取得一系列原创性、引领性国际重大科技成果，实现中国治理体系与治理能力的现代化，在中国式战略攀登道路上实现一系列重大台阶的迈进。

新时代新征程，"人才强国"与以往相比，有了更为具体、更高层次的内涵。这个阶段，人才强国战略的基本指向，是为中国在全球竞争中成为规则制定者、科技提升者、道路开辟者提供核心能力、战略支撑和比较优势。要通过在更高层次上、更大范围内、更优方式上引进、培养和使用人才，显著增强我国国家发展的动能、势能和感召力。这就意味着未来一段时间，我国人才队伍建设和人才工作推动，要基于问题导向、战略导向和目标导向，围绕治理创新和科技创新及一系列关键领域进入全球"桥头堡""前沿地"进行系统人才工作布局、流程再造、制度重构、资源重组和阵地攻克，以培养、引进、使用一大批引领型人

才、战略型人才、技术技能人才和创新创业人才。同时实现中国式现代化尤其呼唤强大的治理体系和治理能力，这就需要构建强大的治理体系，尤其要锻造一个坚强的领导核心加强现代化事业的顶层设计，还需要一大批治理能力现代化高素质高水平的人才，为中华民族伟大复兴提供战略准备。

"人才强国"战略培养和引进的各类人才必须是德才兼备的，否则很难为我所用。高校是孵化人才的重要基地，我国高校所要培养的时代新人，不是脱离社会主义办学目标的所谓"世界公民"，而是用习近平新时代中国特色社会主义思想武装起来的强国一代。因此，必须加强思想政治教育。高质量的思想政治教育才能完成"立德树人"这一中国高校教育的根本任务。新全局人才强国战略推动新时代新征程高校思想政治教育高质量发展。

三、新全局主要矛盾变化推动高校思想政治教育高质量发展

马克思主义矛盾学说为中国共产党认识社会主要矛盾奠定了哲学基础。党根据社会发展的新情况新问题，与时俱进地调整对社会主要矛盾的认识，回答了不同阶段的社会主要矛盾是什么、怎样处理社会主要矛盾的问题，发展和丰富了马克思主义矛盾学说，以社会矛盾的理论之变推动党和国家指导思想之变，从而撬动中国社会的整体性变革。进入新时代，以习近平同志为核心的党中央深刻把握中国社会主要矛盾的新变化，为新发展阶段打开工作局面提供了突破口，为带领中国人民开展的一切实践活动提供了明确的问题导向。

主要矛盾变化推动高校思想政治教育发展进入新时代新阶段有其深层的社会原因：

首先，社会经济发展新阶段的主要矛盾变化对思想政治教育工作提出了新要求。党的十九大报告指出："中国特色社会主义进入新时代，

我国社会主要矛盾已经转化为人民日益增长的美好生活需要和不平衡不充分的发展之间的矛盾。"① 不平衡不充分的现实发展状况激荡出思想领域的问题，亟待思想政治教育更好地发挥化解思想矛盾、疏导社会心态的功能。事实上，相比于此前社会生产力整体落后的现实状况，发展不平衡、不充分所导致的思想问题甚至更为尖锐。改革开放以后，人民生活水平虽得到极大提升，但贫富差距扩大、社会阶层分化的问题引发了部分社会成员的不良心理；新时代以来，改革的深化、利益格局的调整也让部分人不满，使思想意识领域中各种思潮共生，如果处理不好，便会导致问题的激化，甚至影响我国的发展进程。这些思想领域中的问题十分棘手、前所未有，需要更高水平的思想政治教育予以应对。

其次，人民群众对美好生活需要的日益增长赋予了思想政治教育提升人民获得感、幸福感、安全感的现实使命。为满足人民对美好生活的向往，思想政治教育必须关注人民日益增长的精神需求，包括人们多元化、个性化的需求，受教育者的主观感受，等等。这就必须推动思想政治教育高质量发展，使之提升优质内容的供给力，向精细化、精准化发展，从而使人们能够真正共享思想政治教育的发展成果。

四、新全局的主要任务推动高校思想政治教育高质量发展

中国特色社会主义进入新时代的十年，以习近平同志为核心的党中央，采取一系列战略性举措，推进一系列变革性实践，实现一系列突破性进展，取得一系列标志性成果，经受住了来自政治、经济、意识形态、自然界等方面的风险挑战考验，党和国家事业取得历史性成就、发生历史性变革。经过接续奋斗实现了小康这个中华民族的千年梦想，打赢了人类历史上规模最大的脱贫攻坚战，历史性地解决了绝对贫困问题，推动我国迈上全面建设社会主义现代化国家新征程。

---

① 习近平. 习近平著作选读：第 2 卷 [M]. 北京：人民出版社，2023：9.

习近平总书记在党的二十大报告中明确指出新征程中党的主要任务就是完成第二个百年建设现代化国家的任务，以中国式现代化实现中华民族伟大复兴，并对中国式现代化进行了全面深刻的阐述。明确提出了中国式现代化的本质要求，即坚持中国共产党领导，坚持中国特色社会主义，实现高质量发展，发展全过程人民民主，丰富人民精神世界，实现全体人民共同富裕，促进人与自然和谐共生，推动构建人类命运共同体，创造人类文明新形态。提出了中国式现代化的鲜明特色。中国式现代化是中国共产党领导的社会主义现代化，既有各国现代化的共同特征，又有基于自己国情的中国特色。中国式现代化是人口规模巨大的现代化，是全体人民共同富裕的现代化，是物质文明和精神文明相协调的现代化，是人与自然和谐共生的现代化，是走和平发展道路的现代化。提出了中国式现代化的重大原则：坚持和加强党的全面领导，坚持中国特色社会主义道路，坚持以人民为中心的发展思想，坚持深化改革开放，坚持发扬斗争精神。并全面部署中国式现代化的战略举措。从"五位一体"总体布局和"四个全面"战略布局等各方面进行具体部署。当前，必须打破思维定式、加强教育培养、营造开放包容的社会氛围，进一步解放思想，全面深化改革，推动中国式现代化不断焕发生机活力。

要完成新征程的主要任务必须培育和依靠中国广大青年。要把青年培育成坚定不移听党话、跟党走，有理想、敢担当、能吃苦、肯奋斗的新时代好青年，高校思想政治教育必须高质量发展。

第三节　新变化亟待新时代高校思想政治
教育高质量发展

教育是民族振兴和社会进步的基石，高校是培养大学生的重要阵地。新时代高校大学生和思想政治教育工作队伍状况的新变化，即思想政治教育主客体的新变化，亟待高校思想政治教育高质量发展。

一、高校教育对象的新变化要求思想政治教育高质量发展

新形势下，世界多极化、经济全球化和社会信息化奔涌而来，多元多样多变的意识形态相互激荡，交流交融交锋的各式思想文化相互影响，新媒体传播模式日新月异，处于大变革大发展新时期的大学生的认知模式、思想状况、行为方式都在发生深刻的变化。

当代大学生充满活力，积极向上，心胸开阔，思想开放。他们具有强烈的求知欲和探索精神，渴望获取新知识，不断提升自己的综合素质。具有较强的开放性和包容性，能够接纳不同的思想和文化，形成了多元的价值观。他们追求个人价值实现，有明确的职业规划和人生目标，并能努力实现自我突破和创新。

但是当代大学生中的一部分人存在任性、以自我为中心，依赖心理强，缺乏独立思考和自主行动的能力，承受挫折能力差等问题。特别是大学生思想独立性增强、价值观念趋于多元，各种亚文化兴起，部分学生存在信仰缺失、价值混乱、精神迷茫等诸多问题，亟待发挥思想政治教育的功能为学生解疑释惑、纾解情绪、统一思想、凝聚共识。思想政治教育，必须勇于进行理论和实践创新。

二、高校教育者的新变化亟待思想政治教育高质量发展

党的十八大以来，国家高度重视教育强国建设，努力办好人民满意的教育。要办好人民满意的教育师资队伍建设是关键。

高质量的思想政治教育离不开一流的思想政治工作队伍。新时代国家在高校思想政治工作队伍建设上下了很大的功夫，出台了一系列文件，做了一系列诸如师生比、投入、培训等强制性规定，取得了较大的成绩。各高校思想政治工作队伍在量上有了很大的增长，但由于学科背景、文化层次、思想理论水平、综合素质参差不齐，思想政治工作队伍的质量亟待提高。

高质量的思想政治教育还离不开高校的"全员育人"。走进新时代，高校教师和管理者们的教学观念、管理观念正在从传统向现代转变，更加强调学生的主体性和实践性。近年来，新型教学模式和科研手段的出现，为高校教师的整体素质提升带来了积极效果。如在线教育、混合式教学等模式，使得教学资源得以更广泛地共享，大数据、人工智能等技术的应用也为科研创新提供了新的可能。然而，在肯定主流的同时我们也要看到当前高校教师和管理人员仍然存在一些问题。如教师在教书育人方面职业信念动摇、敬业精神淡化，只教书不育人现象、学风不严谨和学术不端现象时有发生；管理人员忙于繁杂的日常管理工作，忽视管理育人等。只有不断提高他们的思想政治素质和理论水平，才能推动新时代高校思想政治教育高质量发展。

第四节　新理论指导新时代高校思想
政治教育高质量发展

思想政治工作是经济工作和其他一切工作的"生命线"，新时代高校思想政治教育既要扎根中国又要面向世界，应统筹两个大局，更好助力中国特色社会主义现代化建设，实现高质量发展。党的十八大以来形成和发展的习近平新时代中国特色社会主义思想是当代中国马克思主义、21世纪马克思主义。习近平新时代中国特色社会主义思想坚持将马克思主义基本原理与中国实际相结合，与中华优秀传统文化相结合，以全新的视野深化了对共产党执政规律、社会主义建设规律、人类社会发展规律的认识。党的二十大报告用"十个明确""十四个坚持""十三个方面成就"概括这一理论的主要内容。习近平新时代中国特色社会主义思想是中华文化和中国精神的时代精华，实现了马克思主义中国化时代化新的飞跃。这一新理论必然指导高校思想政治教育发展进入新时代新阶段。

一、新理论指导思想政治教育学科建设高质量发展

习近平新时代中国特色社会主义思想指导高校思想政治教育高质量发展在理论研究方面进入新时代新阶段，主要凸显在思想政治教育的学科建设上。

改革开放以来，思想政治教育学科建设经历了初步探索、正式确立、深入发展和系统建设等阶段，实现了从科学化到学科化再到系统化的自信飞跃。① 党的十八大以来，以习近平同志为核心的党中央高度重

---

① 冯刚. 推动新时代思想政治教育学科高质量发展［J］. 学校党建与思想政治教育，2022（7）：1-6.

视思想政治工作，相继召开了哲学社会工作座谈会、全国高校思想政治工作会议、学校思想政治理论课教师座谈会等重要会议，提出了思想政治教育的新任务、新使命、新要求，并对思想政治教育学科发展作出了顶层设计和制度安排，必将大力推动思想政治教育学科在学科基础理论的研究、前沿热点问题的研究、原理论和学科范畴的研究、学科研究方法的规范等方面，迎来一个守正创新的研究新时代新阶段。

二、新理论指导思想政治教育体系机制建设高质量发展

习近平新时代中国特色社会主义思想指导高校思想政治教育高质量发展在工作实践方面进入新时代新阶段，主要凸显在思想政治教育的体系机制建设上。

党的全面领导是做好新时代高校思想政治工作的根本保证。加强党的全面领导，各高校必须强化顶层设计，构建高校思想政治工作体系，包括理论武装体系、学科教学体系、日常教育体系、管理服务体系、安全稳定体系、队伍建设体系、评估督导体系等。形成党委统一领导、党政齐抓共管、部处积极推进、院系主动作为、师生全员参与的"大思政"格局，推动思想政治工作常态化、长效化。建立"三全育人"体制机制，以课程、科研、实践、文化、网络、心理、管理、服务、资助、组织等十大育人体系为基础，构建集领导动员体系、政策措施体系、示范推广体系、资源保障体系、评价评估体系、考核督查体系于一体的"三全育人"体制机制。构建高水平人才培养机制，推动思想政治工作体系贯通学科体系、教学体系、教材体系、管理体系，全面提升人才培养能级。完善评价机制，把立德树人成效作为检验学校工作的根本标准。

三、新理论指导思想政治教育价值理念与时俱进

习近平新时代中国特色社会主义思想指导高校思想政治教育高质量

发展在铸魂育人价值方面进入新时代新阶段，主要凸显在"为党育人、为国育才"，培养强国一代。

新时代高校思想政治教育高质量发展就是要通过高校思想政治教育提升师生思想水平、政治觉悟、道德品质、文化素养，以高效、持久地满足我国社会主义现代化强国建设需要，进而推动人类命运共同体构建。作为强国一代的时代新人，首先要读懂习近平新时代中国特色社会主义思想。只有读懂这一思想，才能读懂中国和世界发展大势，才能奠定坚实的信仰根基，才能把学习奋斗的人生理想同民族复兴的宏大目标有机统一起来。因此高校思想政治教育必须在习近平新时代中国特色社会主义思想指导下成为传播马克思主义理论和主流意识形态的"主阵地"，成为为党育人为国育才的"大熔炉"。

第二章

理论解析：新时代高校思想政治教育发展质量的概念与理论

新时代高校思想政治教育发展质量研究要厘清概念，以马克思主义关于思想政治教育的理论、中国共产党领导人关于思想政治教育的思想和国家关于思想政治教育的法律法规及文件精神为指导，并借鉴西方现代教育评价及成果导向教育（OBE）理念开展研究。

第一节　新时代高校思想政治教育发展质量的概念

厘清概念是深入研究问题的前提。我们试图在对质量与思想政治教育质量概念辨析的基础上，对新时代高校思想政治教育发展质量的概念进行定义，并分析新时代高校思想政治教育发展质量的本质、结构要素及形成过程。

一、质量、教育质量与思想政治教育质量概念辨析

哲学语境中的质量指事物固有的"规定性"。哲学家们对质量内涵的探讨一般从"质""量""度"三个方面展开。经济学语境中的质量是对经济事物的社会价值的判断，即对某一事物优劣性的判断。其中，微观层面主要指产品或服务之"质量"，宏观层面主要指经济增长之

"质量"。管理学语境中的质量指产品特性对生产相关者需求的满足程度。由于"需求"的主体有所差别，又可分为"符合性"质量、"适用性"质量和"多赢性"质量三类。

而教育学语境中的质量则是指教育成果道德特性对个体和社会需求的满足程度。20世纪80年代，发端于企业的质量运动逐渐进入教育领域，并逐渐成为教育学界关注的一个重要命题。特别是随着1998年首届世界高等教育大会将"高等教育质量"作为核心理念之一写入《21世纪高等教育：展望和行动宣言》，教育质量问题被越来越多的研究者所关注。但是对于教育质量的内涵，学界尚未形成明确而统一的认识。基于此，《21世纪高等教育：展望和行动宣言》指出，高等教育质量内涵十分丰富，不应用某个统一的尺度对其进行评价。综合分析国内外教育质量内涵的观点，大致可以分为如下三类：一是"合标准"的质量，即认为教育质量体现在学生素质对国家发展需要的满足程度上；二是"合需要"的质量，即认为教育质量是教育对个体成长发展需求的满足；三是"合发展"的质量，即认为教育既需满足国家与个人当前发展需要，还需满足其长期发展需要。我们认同"合发展"的质量观。

2004年8月12日，教育部印发的《普通高等学校本科教学工作水平评估方案（试行）》提道："评估方案努力体现国家的教育方针及对高等学校教学工作和人才培养的基本要求，反映各类高等学校教学工作的基本规律及现阶段高等教育教学改革的走势与发展方向，强调'三个符合度'，即学校确定的目标与社会要求、人才的全面发展和学校的实际情况符合程度、学校的实际工作状态与确定的目标符合程度、学校所培养的人才质量与自定目标符合程度。"2013年3月28日，在"普通高等学校本科教学工作审核评估试点专家培训研讨会"上，教育部评估中心的吴岩主任提出要做好普通高等学校本科工作审核评估的"五个度"，即学校人才培养目标与培养效果的达成度、学校人才培养目标与社会需求的适应度、教师和教学资源对学校人才培养的保障度、教学质量保障体系运行的有效度、学生和用人单位的满意度。"五个度"的思想写入了 2013 年教育部颁布的《普通高等学校本科教学工作审核评估方案》。① 我们认同"五个度"的教育质量观。

依据"合发展"和"五个度"的教育质量观，我们认为思想政治教育质量是思想政治教育活动通过提升人的"思想水平、政治觉悟、道德品质、文化素养"，以高效、持久地满足一定政治集团或政治组织机构发展要求和人的全面发展的状况。

二、新时代高校思想政治教育发展质量的定义与内涵

借鉴《教育大辞典》中关于教育质量的定义，我们可以将新时代高校思想政治教育发展质量定义为：党的十八大以来高校思想政治教育发展满足中国特色社会主义建设和人的全面发展要求的水平高低和效果优劣的程度。

2012 年 11 月党的十八大召开，标志着中国特色社会主义进入新时代。新时代是处在世界百年未有之大变局中的中国从站起来到富起来向强起来飞跃的时代，是在国际共产主义运动中中国高举马克思主义与社会主义旗帜的时代，是在国际格局中中国从世界边缘走向世界中央为世界贡献中国智慧和中国方案的时代。2020 年 10 月党的十九届五中全会在深入分析中国特色社会主义进入新时代后我国面临的形势和风险挑战变化的基础上强调，"十四五"时期我国经济社会发展要坚持"以推动高质量发展为主题""建设高质量教育体系"②。新时代、新阶段赋予了高校思想政治教育发展新的使命，对高校思想政治教育发展质量提出了新的要求。

---

① 教育部关于开展普通高等学校本科教学工作审核评估的通知（教育〔2013〕10 号）［EB/OL］. 教育部政府门户网站，2013-12-12.

② 本书编写组. 党的十九届五中全会《建议》学习辅导百问［M］. 北京：党建读物出版社，学习出版社，2020：16，38.

　　刘建军认为，随着我国进入新发展阶段，高质量发展成为思想政治教育新的发展目标。这既取决于经济社会发展新阶段的主要矛盾变化，也缘于全面建设社会主义现代化的形势变化。思想政治教育的高质量发展包含三层理论内涵，即思想政治教育不仅要进行维持自身运动的"简单再生产"，还要实现"扩大再生产"；既要关注发展的规模和数量，也要注重发展的质量和效益。还应在质量要求的基础上有更高的质量追求。为进一步促进思想政治教育的高质量发展，应增强高质量发展意识，推动思想政治教育各要素质量提升，保证思想政治教育系统高质量运行，最大限度提升思想政治教育的实效性。①

　　沈壮海指出，高质量发展是新时代思想政治教育由"有没有"转向"好不好"的新命题。回应的是有效供给不足、需求日益强劲、供需连接不畅的新矛盾。新时代思想政治教育高质量发展应以效率、效益、效期为出发点，以创新、协同、精准、开放、高效为关键词，进一步强化党的领导、人民中心、问题导向，凝聚质量、动力、效率变革的强大合力，展现思想政治教育回应现实、应对挑战的高质量解题能力。② 要思想政治教育工作理念跟上时代变化、工作内容跟上理论创新、工作方法跟上科技进步，使思想政治教育更具时代性、创造性，以服务国家战略全局，并促进人的自由而全面的发展。

　　我们认为，新时代高校思想政治教育发展质量的内涵包括两方面。一方面，指新时代整个高校思想政治教育的教育体系质量，它以系统内部各要素之间是否协调一致为标准。什么时候系统各要素之间协调一致，什么时候就表现出较高的体系质量。另一方面，新时代高校思想政治教育发展质量最终体现在培养对象的质量上，是指新时代高校思想政

---

① 刘建军，邱安琪. 论新时代思想政治教育的高质量发展 [J]. 思想理论教育，2021（4）：49-54.

② 沈壮海，刘灿. 论新时代思想政治教育的高质量发展 [J]. 思想理论教育，2021（3）：4-10.

治教育发展在怎样的"教育水平高低和效果优劣的程度"上达到了立德树人的培养目标。即我们培育的人既符合国家战略全局发展的需要，自己又得到了自由而全面的发展。

三、新时代高校思想政治教育发展质量的本质

新时代高校思想政治教育发展质量最终体现在培养对象的质量上。其衡量的本质标准是新时代高校思想政治教育发展是否达到了新时代党和国家"为党育人，为国育才"的立德树人培养目标。换个说法，新时代高校思想政治教育发展质量的本质就是回答"新时代高校思想政治教育为谁培养人？培养什么样的人？怎样培养人？培养的人干什么？"的问题。

新时代高校思想政治教育发展为谁培养人？简言之，"为党育人、为国育才"。为党和国家培养中国特色社会主义事业的合格建设者和可靠接班人。

新时代高校思想政治教育发展培养什么样的人？简言之，"德智体美劳"全面发展的人。具体地说，习近平总书记对新时代中国青年提出了一系列要求。

2019 年 4 月 30 日，习近平总书记在纪念五四运动 100 周年大会上，对新时代中国青年提出了六点要求①：一是树立远大理想，即树立对马克思主义的信仰、对中国特色社会主义的信念、对中华民族伟大复兴中国梦的信心，到新时代新天地中去，让青春在创新创造中闪光。二是热爱伟大祖国，即听党话、跟党走，胸怀忧国忧民之心、爱国爱民之情，以一生的真情投入、一辈子的顽强奋斗来体现爱国主义情怀，让爱国主义的伟大旗帜始终在心中高高飘扬。三是担当时代责任，即让青春在新

---

① 习近平，在纪念五四运动 100 周年大会上的讲话 [N]. 人民日报，2019－05－01 (2).

时代改革开放的广阔天地中绽放，让人生在实现中国梦的奋进追逐中展现出勇敢奔跑的英姿，努力成为德智体美劳全面发展的社会主义建设者和接班人。四是勇于砥砺奋斗，即勇做走在时代前列的奋进者、开拓者、奉献者，在劈波斩浪中开拓前进，在披荆斩棘中开辟天地，在攻坚克难中创造业绩，用青春和汗水创造出让世界刮目相看的新奇迹。五是练就过硬本领，即增强学习紧迫感，努力学习马克思主义立场观点方法，努力掌握科学文化知识和专业技能，努力提高人文素养，以真才实学服务人民，以创新创造贡献国家。六是锤炼品德修为，即自觉树立和践行社会主义核心价值观，明大德、守公德、严私德，追求更有高度、更有境界、更有品位的人生，让清风正气、蓬勃朝气遍布全社会。

2021年4月21日，习近平总书记在清华大学考察时强调，广大青年生逢盛世，肩负重任，要不断增强做中国人的志气、骨气、底气。①强志气要立鸿鹄伟志、守报国丹心。立志是一切开始的前提，当代中国青年要立志做大事，不断增强家国情怀，将个人奋斗融入国家富强、民族复兴伟大征程；不断增强奉献精神，心怀"国之大者"，心系人民群众，矢志追求更有高度、更有境界、更有品位的人生。强骨气要炼钢筋铁骨、守身心清白。"人无钢骨，安身不牢"。一个没有骨气的人，难以自立于天地之间；一个没有骨气的民族，难以自立于世界先进民族之林。强底气要增学识见闻、守自信通达。知识是最好的营养剂，实践是最好的成长利器，青年一代应当充分"惜取少年时"，多读书、读好书，勤实践、增见闻，努力做身体健康、心智健全、意志坚强的社会主义建设者和接班人。

2022年10月，习近平总书记在党的二十大报告中指出："广大青年要坚定不移听党话、跟党走，怀抱梦想又脚踏实地，敢想敢为又善作

---

① 习近平在清华大学考察时强调 坚持中国特色世界一流大学建设目标方向 为服务国家富强民族复兴人民幸福贡献力量 [N]. 人民日报, 2021-04-20 (1).

善成，立志做有理想、敢担当、能吃苦、肯奋斗的新时代好青年，让青春在全面建设社会主义现代化国家的火热实践中绽放绚丽之花。"①

新时代高校思想政治教育发展怎样培养人？即运用"大思政"育人体系，形成"大思政"育人格局。即我们要讨论的新时代高校思想政治教育发展质量的结构要素的主要内容，包括教育理念、教育内容、实施路径、师资队伍、制度保障等。

新时代高校思想政治教育发展培养的人干什么？简言之，"四个服务"。即习近平总书记在全国高校思想政治工作会议上强调的"我国高等教育发展方向要同我国发展的现实目标和未来方向紧密联系在一起，为人民服务，为中国共产党治国理政服务，为巩固和发展中国特色社会主义制度服务，为改革开放和社会主义现代化建设服务"②。

为人民服务是思想政治工作必须遵循的根本宗旨。这既是思想政治工作必须遵循的一个根本原则，也是做好思想政治工作的一个根本方法。

为中国共产党治国理政服务是思想政治工作义不容辞的责任担当。中国共产党的领导是历史的选择，中国共产党是领导我们事业的核心力量，中国高校是中国共产党领导下的高校，新时代高校思想政治教育的发展当然必须更好地为中国共产党治国理政服务。

为巩固和发展中国特色社会主义制度服务是思想政治工作必须坚持的价值取向。中国特色社会主义制度主要包括全国人民代表大会制度、民族区域自治制度、中国共产党领导的多党合作和政治协商制度、民主选举制度，还有以公有制经济为主体、多种所有制经济共同发展的社会主义初级阶段基本经济制度和按劳分配为主的分配制度等。我们的制度

---

① 习近平. 高举中国特色社会主义伟大旗帜为全面建设社会主义现代化国家而团结奋斗：在中国共产党第二十次全国代表大会上的报告 [M]. 北京：人民出版社，2022：71.

② 张国祚. 深刻把握"四个服务"的科学内涵 [N]. 光明日报，2017-06-30 (7).

并非尽善尽美，但是，中国特色社会主义制度是中国共产党和中国人民的最佳选择，新时代高校思想政治教育的发展应当为巩固和发展中国特色社会主义制度服务。

为改革开放和社会主义现代化建设服务是思想政治工作的现实要求。历史已经证明，只有社会主义才能救中国，只有改革开放才能更好地发展中国。新时代中国正在进行改革开放和社会主义现代化建设的民族复兴伟业，新时代高校思想政治教育的发展必然要求为改革开放和社会主义现代化建设服务。

四、新时代高校思想政治教育发展质量的结构要素与形成过程

厘清了新时代高校思想政治教育发展质量的定义和内涵，把握了该概念的本质，我们就能比较准确地从内容要素和程度要素两方面分析新时代高校思想政治教育发展质量的结构要素，并分析新时代高校思想政治教育发展质量的形成过程。

（一）新时代高校思想政治教育发展质量的结构要素

新时代高校思想政治教育发展质量结构的内容要素包括教育理念、教育内容、实施路径、师资队伍、学生质量、制度保障等。

教育理念，包括教育决策者、管理者、教师是否已从工具理念到人本理念转化到工具理念与人本理念并重，是否树立了新时代高校思想政治教育必须高质量发展的理念，具体要看高校党委是否对育人活动有计划动员，高校各组织落实部门对育人活动是否实施落实等。

教育内容，包括理论教育、思想教育、政治教育、道德教育、法治教育、心理教育、文化素质教育等，是否落实了国家规定的思想政治理论课和文化素质课的门数和学分、学时，是否使用了马克思主义理论研究和建设工程重点教材和高校思想政治理论课统编教材等。

实施路径，包括课程育人、科研育人、实践育人、文化育人、网络

育人、心理育人、管理育人、服务育人、资助育人、组织育人等。主要看有无十大育人体系，十大育人体系是否符合国家有关文件要求等。

师资队伍，包括数量（师生比）、结构、质量等。数量主要看专职党政干部和思想政治教育工作者、思想政治理论课教师、辅导员的师生比是否符合国家有关文件要求。结构、质量是否符合国家有关文件要求。

学生质量，包括个人的德、智、体（含心理）、美、劳是否全面发展，学生的发展是否符合国家和社会发展的需要等。

制度保障，包括领导制度、管理制度、教育教学制度、教师队伍建设制度、学生评奖评优制度、质量评估制度等。学校是否制定了有关制度，这些制度实施的情况如何等。

其中，教育理念是思想政治教育决策的前提，决定了教育的方向；教育内容是思想政治教育的核心，体现了教育的目标；实施路径是实现教育目标的重要手段，影响着教育的效果；师资队伍是教育的主体，承担着教育的责任和任务；学生质量是教育客体的质量，体现了教育的成果；制度保障，则为教育提供了必要的保障条件。

新时代高校思想政治教育发展质量结构的程度要素包括协同度、持续度、覆盖度、有效度、满意度。

协同度，即上述内容要素协同发展的程度。这些内容要素各具特点，相互关联，共同构成了思想政治教育的完整体系。各要素之间的协同发展是提升思想政治教育效果的关键。又包括内容要素的认知协同度，即教育内容、方式与受教育者的认知结构相契合的程度；行动协同度，即注重教育者与教育实践活动、保障条件的紧密结合的程度。这就要求思想政治教育要加强顶层设计，优化配置资源，强化要素之间的联动，确保各要素间的协调发展；完善制度安排，为协同发展提供制度保障；创新教育方法，不断提升教育效果。

持续度，即上述内容要素持续发展的程度。持续度反映了思想政治教育质量追求通过思想政治教育活动对人的成长发展需求的长期满足，以实现人的思想政治素质对一定政治集团或政治组织机构发展需求的长期满足和对个人自由而全面发展需求的长期满足。对于思想政治教育质量内容要素来说，持续发展意味着在教育理念、教育内容、实施途径、师资队伍、制定保障等各方面，都要不断地进行更新、优化和提升。这种发展不是一次性的、短暂的，而是长期的、持续的，旨在确保思想政治教育始终走在时代的前列，始终满足学生的成长需求。因此，评价思想政治教育质量，不仅要看教育的性质、教育成果数量的多少，还要看教育效果能否长期保持。

覆盖度，即上述内容要素覆盖发展的程度。思想政治教育质量的提升需要坚持全员、全过程、全方位育人的基本原则。所以，它的提升就需要全员的育人主体参与、全过程的育人模式设计、全方位的育人条件创设。

有效度，即上述内容要素有效发展的程度。即不仅要看是否有，而且要看是否有效。如教育理念，不仅要看是否转变了，而且要看是否落实到教育决策和管理中。教育内容方法，不仅要看是否有改革创新，而且要看是否有效，是否入脑、入心。师资队伍，不仅要看数量、结构、质量，而且要看立德树人工作的学生质量。制度保障，不仅要看制没制定，而且要看是否在有效执行，等等。

满意度，即上述内容要素发展的学生满意度、教师满意度、学校满意度、社会满意度等。学生的满意度指学生对教育过程和教育结果的认可程度和满意程度。这种满意度包括对教育内容的接受度、对教育方法的满意度、对教育环境的舒适度以及对教育队伍的专业能力等方面的评价。教师满意度指教师对思想政治教育内容、方法、制定等改革的认可程度和满意程度。学校满意度、社会满意度指学校和社会对思想政治教育育人效果的认可程度和满意程度。

（二）新时代高校思想政治教育发展质量的形成过程

思想政治教育发展质量是在思想政治教育过程中形成的。新时代高校思想政治教育发展质量的形成过程可分为党和国家顶层设计的决策、高校党委对育人活动的计划动员、高校各组织落实部门对育人活动的实施落实、受教育者的思想行为提升表现、评价评估部门对育人活动的反思反馈、党和国家顶层设计的调整和高校育人活动各环节的改进等。

顶层决策。我国新时代高校思想政治教育的顶层设计是由党中央、国务院、教育部等相关领导部门进行的。他们在习近平新时代中国特色社会主义思想和习近平关于思想政治教育的一系列讲话精神的指导下，通过明确我国新时代高校思想政治教育的目的和指导理论，印发思想政治教育相关政策文件，明确我国新时代高校思想政治教育的指导理论、教育目标、行动部署、实施要求等决策，对育人活动进行顶层设计。党的十八大以来，党中央、国务院、教育部制定了一系列有关高校思想政治教育的文件、通知、评估标准等，这些都属于我国新时代高校思想政治教育的顶层设计，为各高校党委对育人活动的计划动员和高校各组织落实部门对育人活动的实施落实，提供了依据。

计划动员。高校党委对育人活动的计划动员是新时代高校思想政治教育发展质量形成的重要环节。计划，即高校党委遵循党和国家对高校思想政治教育的顶层设计，结合学校的具体实际，围绕立德树人的教育目标，对育人活动进行整体规划，具体指导学校思想政治教育活动的开展。动员则是计划与实施的中间环节，包括高校党委的思想政治教育计划形成之后，学校宣传部门需要根据育人目的实现、育人规划落实以及指导理论等的要求进行宣传。学校有关部门还应为育人活动提供必要载体支持、营造良好育人环境等，以有效落实学校的整体育人规划。

实施落实。高校各组织落实部门对育人活动的实施落实是新时代高校思想政治教育发展质量形成的关键环节，它直接关系到思想政治教育质量的状况。高校思想政治教育实施主要由党委宣传部、党校、马克思主义学院、学工部、团委和各二级学院党委来承担。如党委办公室学校人事部门要对思想政治教育工作队伍建设进行规划，对这支队伍的工作状况进行考核；宣传部门要向思想政治教育工作队伍灌输国家意志，进行政治思想教育，并通过他们掌握的报纸书刊、广播电视、网络媒体等，开展思想政治教育；党校通过对教育队伍（主要为党员干部）进行系统的思想理论教育，提高其思想水平和工作能力；马克思主义学院通过思想政治教育主渠道思想政治理论课，对大学生进行思想政治教育；学工部、团委通过各种思想政治教育专题活动和实践活动，提升大学生综合素质；等等。

提升表现。受教育者大学生的思想行为提升表现是新时代高校思想政治教育的践行环节，包括大学生思想水平、政治觉悟、道德修养、心理素质、人文素养等状况。主要体现在他们学习思想政治理论课的成绩、对思想政治教育内容要求的认同、接纳、强烈追求的实践欲望，以及付诸行动的状况等。

反思反馈。评价评估部门对育人活动的反思反馈是新时代高校思想政治教育发展质量持续提升的必要环节。要使高校思想政治教育持续促进人的成长发展以满足国家和社会发展要求，就需要思想政治教育评价评估部门对教育的过程和结果进行反思总结，不断地积累经验，总结教训。思想政治教育评价一般是先确定评价对象和评价内容，如某高校，某方面的思想政治教育工作或整体思想政治教育工作；然后通过多种方式采集评价信息，如线上采集或现场采集或线上线下相结合采集；之后评估部门通过分析，根据评估标准评出等级，并进行意见反馈。高校根据反馈意见，进行反思整改。

调整改进。党和国家顶层设计的调整和高校育人活动各环节的持续改进，既是本轮质量形成的结束，又是下一轮质量持续提高的开始。党和国家根据思想政治教育质量评估的结果，结合国际国内形势的发展和我国高等教育发展和人才培育的实际，进行顶层设计的调整，以指导高校育人活动各环节与时俱进的持续改进。由此循环往复，推动新时代高校思想政治教育发展质量的持续提升。

第二节　新时代高校思想政治教育
发展质量研究的指导理论

我们认为，新时代高校思想政治教育发展质量研究的指导理论主要有马克思主义关于思想政治教育的论述、中国共产党领导人关于思想政治教育的思想以及国家关于思想政治教育的法律法规及文件精神。

一、马克思列宁主义关于思想政治教育的论述

马克思、恩格斯在开创国际共产主义运动事业的同时也开创了无产阶级思想政治教育活动，为无产阶级思想政治教育的形成奠定了理论和实践基础。马克思、恩格斯虽然没有形成系统的思想政治教育理论，但他们对思想政治教育有一系列重要论述。一是十分重视思想政治教育的重要性和紧迫性。马克思、恩格斯曾指出："统治阶级的思想在每一时代都是占统治地位的思想。"[①] "历史活动是群众的活动，随着历史活动的深入，必将是群众队伍的扩大。"[②] 因此，马克思、恩格斯强调"共产党一分钟也不忽略教育工人尽可能明确地意识到资产阶级和无产阶级

---

① 中共中央马克思恩格斯列宁斯大林著作编译局．马克思恩格斯选集：第 1 卷 [M]．北京：人民出版社，2012：178．
② 中共中央马克思恩格斯列宁斯大林著作编译局．马克思恩格斯选集：第 2 卷 [M]．北京：人民出版社，1957：104．

的敌对的对立"①。二是强调思想政治教育必须注意教育对象的针对性。对于工人阶级的建议，他们主张通过揭露资产阶级"公开的、无耻的、直接的、露骨的剥削"② 对无产阶级进行思想政治教育，以增强其阶级意识、提升其思想觉悟，团结起来为建立没有剥削的新世界而努力奋斗。对于农民的教育，恩格斯指出："我们党的义务是随时随地向农民解释：他们的处境在资本主义还统治着的时候是绝对没有希望的，要保全他们那样的小块土地所有制是绝对不可能的。"③ 应该通过思想政治教育使农民摆脱愚昧无知的状态，敢于和资产阶级作斗争。对于青年的教育，马克思、恩格斯希望青年能够具有扎实的知识，具有社会主义意识，并能够和工农阶级相结合，以便在革命运动中发挥重要作用。三是注重理论联系实际并建议运用多种方法开展教育。马克思指出："理论在一个国家实现的程度，总是决定于理论满足这个国家的需要的程度。"④ 即强调思想政治教育要发挥作用，就必须做到理论和实践相结合。马克思、恩格斯认为开办无产阶级自己的学校教育是提高工人文化水平的重要途径。通过《莱茵报》等报刊宣传党的革命理论，批判资产阶级的错误思想，并鼓励社会主义者翻译各国学者的著作，并将这些作品以普及本的形式传播给无产阶级。工人阶级通过报刊、普及本的学习，提升自身文化水平。同时通过批评错误思潮进行思想政治教育。马克思、恩格斯曾先后对蒲鲁东、巴枯宁、拉萨尔、杜林等人的错误思想进行了批判，这使得马克思主义得到广泛传播。

---

① 中共中央马克思恩格斯列宁斯大林著作编译局. 马克思恩格斯选集：第 1 卷 [M]. 北京：人民出版社，2012：434.

② 中共中央马克思恩格斯列宁斯大林著作编译局. 马克思恩格斯选集：第 1 卷 [M]. 北京：人民出版社，2012：403.

③ 中共中央马克思恩格斯列宁斯大林著作编译局. 马克思恩格斯文集：第 4 卷 [M]. 北京：人民出版社，2009：527.

④ 中共中央马克思恩格斯列宁斯大林著作编译局. 马克思恩格斯选集：第 1 卷 [M]. 北京：人民出版社，2012：11.

　　列宁的思想政治教育理论是在巩固苏维埃政权、完成党的中心任务的过程中，为提高俄国人民政治觉悟，为建设社会主义服务中形成的。一是对思想政治教育的重要性的深刻理解。他指出："对人民进行政治教育——这就是我们的旗帜。"[①] 如果"不进行这项工作，政治活动必然会变成儿戏"。因此，思想政治教育"永远是必要的"[②]。二是明确了思想政治教育的主要对象和内容。列宁带领无产阶级政党及工会组织进行的思想政治教育以工人、农民、青年知识分子等群体为主要教育对象，以马克思主义理论、形势与任务、共产主义、爱国主义等为主要教育内容。列宁认为"只有革命马克思主义的理论，才能成为工人阶级运动的旗帜"[③]。他提议，包括职业技术学校在内的学校都应该开设，如"共产主义""革命史"等相关教学课程。三是创造了理论灌输、榜样教育等思想政治教育方法。列宁认为，资产阶级思想体系的渊源比社会主义思想体系深远得多，其传播工具也比社会主义的要多，他们对工农的影响较大，所以，社会主义意识不可能在工人脑中自发形成，只能从外面进行"灌输"。为此，我们"应当到居民的一切阶级中去，应当派出自己的队伍分赴各个方面"[④] 去宣传马克思主义。他还指出：要"多用行动少用语言来进行宣传""只有用榜样才能说服他们"[⑤]。

① 中共中央马克思恩格斯列宁斯大林著作编译局. 列宁全集：第 10 卷 [M]. 北京：人民出版社，1958：452.

② 中共中央马克思恩格斯列宁斯大林著作编译局. 列宁全集：第 8 卷 [M]. 北京：人民出版社，1959：422.

③ 中共中央马克思恩格斯列宁斯大林著作编译局. 列宁全集：第 4 卷 [M]. 北京：人民出版社，1984：155.

④ 中共中央马克思恩格斯列宁斯大林著作编译局：列宁选集：第 1 卷 [M]. 北京：人民出版社，1995：363.

⑤ 中共中央马克思恩格斯列宁斯大林著作编译局. 列宁全集：第 40 卷 [M]. 北京：人民出版社，1986：37.

二、中国共产党领导人关于思想政治教育的思想

毛泽东是中国共产党思想政治理论工作的开拓者，他在领导中国革命和建设的实践中，形成了系统的思想政治教育思想。关于思想政治教育的重要性。毛泽东把思想政治教育提到政治经济的"生命线""团结全党进行伟大政治斗争的中心环节"的地位，他指出："政治工作是一切经济工作的生命线。"① 他特别重视思想政治教育，认为这是完成党各项任务的重要保证，是凝聚群众力量的必要途径。关于思想政治教育的目的。一方面，思想政治教育要为革命与建设事业服务。在民主革命时期，为了推翻三座大山取得民主革命的胜利，必须用无产阶级的科学理论武装人们的头脑，团结一切可以团结的人；在社会主义建设时期，为了防止敌对势力对中国的"和平演变"，巩固共产党的执政地位，必须加强对人们进行马克思主义理论教育。另一方面，思想政治教育是为了提升人们的思想政治水平，在促进新民主主义革命的胜利和社会主义建设的发展中促进人的全面发展。因此新中国的教育方针规定了要使受教育者在德智体诸方面全面发展。关于思想政治教育的内容。毛泽东认为要通过对党员干部、工人、农民、知识分子、官兵、青年学生等群体进行的思想政治教育，达到唤醒民众、改造人们的世界观、促进人的全面发展的目的。思想政治教育内容应主要包含：马克思主义理论教育、理想信念教育、爱国主义教育、国情教育、党的路线方针政策教育、历史知识教育、革命道德教育等。毛泽东指出："没有正确的政治观点，就等于没有灵魂。"② "世界观是辩证唯物主义，这是共产党的理论基础。"③ "如果不把党的历史搞清楚，不把党在历史上所走的路搞清楚，

① 毛泽东. 毛泽东文集：第6卷［M］. 北京：人民出版社，1999：449.
② 毛泽东. 毛泽东文集：第7卷［M］. 北京：人民出版社，1999：226.
③ 毛泽东. 毛泽东文集：第8卷［M］. 北京：人民出版社，1999：5.

便不能把事情办得更好。"① 关于思想政治教育的方法。毛泽东指出："我们不但要提出任务，而且要解决完成任务的方法问题。我们的任务是过河，但是没有桥或没有船就不能过。不解决桥或船的问题，过河就是一句空话。"② 在思想政治教育中，他采用的主要方法有：宣传动员法、调查研究法、典型教育法、说服教育法等。毛泽东发起组织了"新民学会""俄罗斯研究会""马克思主义研究会"，创办了"文化书社"，开设民众夜校、青年补习班、自修大学补习班，还积极组织创办学校，通过这些团体、补习班、学校，初步传播了马克思主义理论。他还利用党刊、报刊发表一些关于革命理论、革命发展形势的文章，通过座谈会、群众会、诉苦会，树立白求恩、张思德、王进喜、焦裕禄、雷锋等先进人物进行思想政治教育。

邓小平新时期的思想政治教育思想是在新民主主义革命时期萌芽，在社会主义革命和建设时期发展，在改革开放时期进一步丰富的。邓小平思想政治教育思想的内容主要有：第一，高度重视思想政治教育。特别是改革开放初期，邓小平就强调思想政治教育工作的地位与作用要加强，不能削弱。他明确指出："我们一定要把思想政治工作放在非常重要的地位，切实认真做好，不能放松。"③ 第二，明确了新时期思想政治教育的原则和培养目标。他强调要坚持四项基本原则，培育"四有"新人。他指出：要"努力使我们的青少年成为有理想、有道德、有知识、有纪律的人，使他们立志为人民作贡献，为祖国作贡献，为人类作贡献"④。第三，提出了新时期思想政治教育的主要内容。他指出："要加强各级学校的政治教育、形势教育、思想教育，包括人生观教育、道

---

① 毛泽东. 毛泽东文集：第2卷 [M]. 北京：人民出版社，1999：399.
② 毛泽东. 毛泽东选集：第1卷 [M]. 北京：人民出版社，1991：139.
③ 邓小平. 邓小平文选：第2卷 [M]. 北京：人民出版社，1994：342.
④ 邓小平. 邓小平文选：第2卷 [M]. 北京：人民出版社，1994：369.

德教育。"① 他重视理想信念教育，强调："我们一定要经常教育我们的人民，尤其是我们的青年，要有理想。"② 重视民主法制观教育，指出："法制教育要从娃娃开始，小学、中学都要进行这个教育，社会上也要进行这个教育。"③ 同时十分重视马克思主义教育，反对资产阶级自由化。重视艰苦奋斗教育，要求全国人民为中国特色社会主义事业艰苦奋斗。

在新的社会历史条件下，江泽民指出，"面对新形势新情况，我们的思想政治工作在继承和发扬优良传统的基础上，必须在内容、形式、方式、方法、手段、机制等方面努力进行创新和改进，特别要在增强时代感和加强针对性、实效性、主动性上下功夫"④。他还指出，"思想政治工作是全党的工作，所有党员和领导干部都要做。同时，又必须建设一支政治强、业务精、纪律严、作风正的专兼结合的思想政治工作队伍"⑤。胡锦涛进一步丰富和发展了思想政治教育工作的本质的思想，他指出："思想政治工作说到底是做人的工作，必须坚持以人为本。既要坚持教育人、引导人、鼓舞人、鞭策人，又要做到尊重人、理解人、关心人、帮助人。"⑥ 他还提出了"五个结合"："做好高校思想政治工作要坚持教育与自我教育相结合、坚持政治理论教育与社会实践相结合、坚持解决思想问题与解决实际问题相结合、坚持教育与管理相结

---

① 邓小平．邓小平文选：第2卷［M］．北京：人民出版社，1994：369.
② 邓小平．邓小平文选：第3卷［M］．北京：人民出版社，1993：110.
③ 邓小平．邓小平文选：第3卷［M］．北京：人民出版社，1993：162.
④ 江泽民．江泽民文选：第3卷［M］．北京：人民出版社，2006：86.
⑤ 江泽民．江泽民文选：第3卷［M］．北京：人民出版社，2006：96.
⑥ 胡锦涛在全国宣传思想工作会议上发表重要讲话强调　坚持用"三个代表"重要思想统领宣传思想工作　为全面建设小康社会提供科学理论指导和强大舆论力量［N］．人民日报，2003-12-08（1）.

合、坚持继承优良传统与改进创新相结合。"① 这些都是对邓小平新时期思想政治教育思想的丰富和发展。

　　新时代习近平关于思想政治教育的思想，是习近平从党的十八大以来对马克思主义思想政治教育思想、马克思主义中国化的思想政治教育思想、中国传统文化所蕴含的博大精深的思想政治教育思想的高度总结，并结合新时代中国特色社会主义的实践，形成的独特的思想政治教育思想体系。习近平关于新时代思想政治教育的思想具有时代性、全局性、创新性和人民性，涵盖了思想政治教育的任务、内容、原则、方法、途径，为我国思想政治教育理论体系的发展提供了理论支撑。包括：第一，思想政治教育的地位作用。提出"四个服务"，即为人民服务，为中国共产党治国理政服务，为巩固和发展中国特色社会主义制度服务，为改革开放和社会主义现代化建设服务，提升了思想政治工作在治国理政中的地位和作用。第二，思想政治教育的根本任务。党的十八大以来，习近平总书记围绕培养什么人、怎样培养人、为谁培养人这一根本问题，以高远的历史站位、宽广的国际视野、深邃的战略眼光，高度重视培养中国特色社会主义建设者和接班人，将中国特色社会主义事业后继有人作为一项重大战略任务，提出思想政治教育的根本任务是立德树人，加强马克思主义的社会主义意识形态建设。第三，思想政治教育的主要内容。包括马克思主义理论教育、中国特色社会主义教育、社会主义核心价值观教育、思想道德和法治教育、四史和中华优秀文化教育、心理健康教育等。第四，思想政治教育改革创新的基本要求。习近平指出，做好高校思想政治工作要因事而化、因时而进、因势而新。要遵循思想政治工作规律，遵循教书育人规律，遵循学生成长规律，不断

---

① 胡锦涛在全国加强和改进大学生思想政治教育工作会议上发展重要讲话强调　进一步加强和改进大学生思想政治教育工作　大力培养造就社会主义事业建设者和接班人 [N]. 人民日报，2005-01-19 (1).

提高工作能力和水平。并提出了"八个统一"的具体要求，即坚持政治性和学理性相统一、价值性和知识性相统一、建设性和批判性相统一、理论性和实践性相统一、统一性和多样性相统一、主导性和主体性相统一、灌输性和启发性相统一、显性教育和隐性教育相统一。第五，思想政治教育的队伍建设。习近平认为，思想政治教育要取得良好效果关键在教育者，他要求：思政课教师，要给学生心灵埋下真善美的种子，引导学生扣好人生第一粒扣子。政治要强、情怀要深、思维要新、视野要广、自律要严、人格要正等。

中国共产党领导人关于思想政治教育的思想，特别是习近平关于新时代思想政治教育的思想，不仅为新时代高校思想政治教育的发展指明了方向，而且为新时代进一步加强和改进高校思想政治教育及发展质量的研究工作提供了根本遵循。

三、国家关于思想政治教育的法律法规及文件精神

国家关于思想政治教育的法律法规及文件精神指中共中央关于思想政治工作的相关会议以及党和政府颁布的有关思想政治教育的文件条例等。

改革开放以来，党和国家颁布了一系列关于思想政治教育方面的政策法规。例如，1980 年 4 月，教育部、共青团中央印发的《关于加强高等学校学生思想政治工作的意见》明确指出，加强学生的思想政治工作，必须建立一支坚强的、有战斗力的政治工作队伍。1987 年 5 月，中共中央印发的《关于改进和加强高等学校思想政治工作的决定》明确指出，高校培养出来的人是否具备这样的素质，是否德才兼备，是否能满足社会主义建设的实际需要，是衡量学校办学成效的基本标志。1994 年 8 月，中共中央印发的《关于进一步加强和改进学校德育工作的若干意见》提出，要建立德育工作的评估制度，并把德育工作作为评价一个地区、一所学校的教育和教学工作的重要内容。1995 年 11 月，国家教育委员会颁发的《中国普通高等学校德育大纲》指出，高校德育工作是国家对高校德育工作与大学生思想、政治、品德素质要求的具体体现，从而成为各级行政部门对高校德育实行科学管理与检查评估的重要依据。1999 年 9 月，中共中央印发的《关于加强和改进学校德育工作的若干意见》提出，对思想政治工作者要注意关心和培养，帮助他们提高思想政治素质和业务能力，对作出突出成绩的要给予表彰和奖励。

2004 年 8 月，中共中央国务院下发《关于进一步加强和改进大学生思想政治教育的意见》（以下简称《意见》）即中央 16 号文件，对大学生思想政治教育作出全面部署。《意见》明确指出，要把大学生思想政治教育工作作为对高校办学质量和办学水平评估考核的重要指标，纳入高校党的建设和教育教学评估体系。《意见》提出要精心组织编写反映毛泽东思想、邓小平理论和"三个代表"重要思想的哲学社会科学教材，努力形成以当代中国马克思主义为指导的具有中国特色、中国风格、中国气派的哲学社会科学学科体系和教材体系。2005 年 1 月，中央召开全国加强和改进大学生思想政治教育工作会议，对切实加强和改进新形势下的大学生思想政治教育工作提出了要求。2005 年 5 月 11 日，中央宣传部、教育部联合下发《关于加强和改进高等学校哲学社会科学学科体系与教材体系建设的意见》，提出要大力开展马克思主义理论体系、马克思主义发展史和马克思主义中国化的研究，在一级学科中，设立马克思主义理论学科。要根据中央实施工程的战略部署和总体要求，全面开展高等学校哲学社会科学重点教材建设工作。

2012 年 2 月，中共中央印发的《全国大学生思想政治教育工作测评体系（试行）》，主要用于测试高校思想政治教育工作的进展及成效，逐步建立高校大学生思想政治教育工作督查测评常态长效工作机制。同年 3 月，教育部印发的《关于全面提高高等教育质量的若干意见》提出，要健全教育评估制度，形成政府、学校、专门机构和社会多元评价相结合的教学评估制度。

2017年12月，为认真学习贯彻党的十九大精神，进一步把贯彻落实全国高校思想政治工作会议和《中共中央国务院关于加强和改进新形势下高校思想政治工作的意见》精神引向深入，大力提升高校思想政治工作质量，教育部印发了《高校思想政治工作质量提升工程实施纲要》（以下简称《纲要》），从目标原则、基本任务、主要内容、实施保障4个方面论述了如何提升高校思想政治教育工作质量，对构建高校思想政治教育工作质量评价机制作了相应的规定。《实施纲要》提出，要充分发挥课程、科研、实践、文化、网络、心理、管理、服务、资助、组织等方面工作的育人功能，挖掘育人要素，完善育人机制，优化评价激励，强化实施保障，切实构建十大育人体系。之后，2018年4月教育部发布了《新时代高校思想政治理论课教学工作基本要求》（教社科〔2018〕2号）。2021年11月为进一步加强高校思想政治理论课的宏观指导，规范组织管理、教学管理、队伍管理和学科建设，教育部对2015年颁布的《高等学校思想政治理论课建设标准（暂行）》（教社科〔2015〕3号）进行了修订，发布了《高等学校思想政治理论课建设标准（2021年本）》（教社科〔2021〕2号）。还先后发布过《高等学校马克思主义学院建设标准》（2017年版、2019年版、2023年版）、《普通高等学校学生党建工作标准》（教党〔2017〕8号）、《教育部高校辅导员培训和研修基地建设与管理基本标准（试行）》（教思政厅〔2011〕3号）等文件。

2021年7月，在中国共产党成立100周年之际，中共中央国务院印发《关于新时代加强和改进思想政治工作的意见》（以下简称《意见》），指出，思想政治工作是党的优良传统、鲜明特色和突出政治优势，是一切工作的生命线。加强和改进思想政治工作，事关党的前途命运，事关国家长治久安，事关民族凝聚力和向心力。《意见》包括总体要求、把思想政治工作作为治党治国的重要方式、深入开展思想政治教育、提升基层思想政治工作质量和水平、推动新时代思想政治工作守正创新发展、构建共同推进思想政治工作的大格局六个部分。

国家关于思想政治教育的法律法规及文件精神都是我们研究新时代高校思想政治教育发展质量的指导。

第三节　新时代高校思想政治教育发展质量研究的借鉴思想

开展新时代高校思想政治教育发展质量研究，必须以马克思主义思想政治教育理论和我党主要领导人的相关论述为指导，以党和国家思想政治教育相关政策法规为支撑，只有这样，才能使我们的研究沿着正确的方向发展。我们还应借鉴西方现代教育评价理论和成果导向教育（OBE）理念与模式，进一步完善我们的研究。

一、西方现代教育评价理论

库巴和林肯在《第四代评价》中将现代教育评价理论划分为四个发展阶段，并在书中系统阐述了第四代教育评价理论的基本观点和理论框架。

第一阶段是评价目标理论，认为教育评价是衡量实际的教育教学效果达到教育目标的程度。现代教育评价之父美国教授泰勒（R. W. Tyler）认为教育活动评价就是衡量教育实现程度的过程。他在《课程与教学的基本原理》中提出，评价过程就是确定课程与教学计划实际达到教育目标的程度的过程，评价是一个确定行为发生实际变化的程度的过程。

第二阶段是评价决策理论，认为教育评价是为决策提供信息从而改进教育活动的过程。20 世纪 60 年代，以克龙巴赫（L. J. Crombach）为代表，1963 年他在《通过评价改革课程》一文中指出"评价的中心不应仅是目标，而更应当是决策"。克龙巴赫等提出了教育评价是"为决策提供有用信息的过程"。斯塔弗尔比姆（D. L. Stufflebeam）则认为，"教育评价应该全面收集教育活动全过程的资料，而不是仅仅局限在对预期教育目标实现程度的评判上"[①]。

第三阶段是评价价值判断理论，认为教育评价是对教育活动进行价值判断的过程。1979 年，盖奇（N. L. Gage）和伯利纳（D. C. Berliner）在《测量和评价的基本概念》中提出，评价是评价者把价值与某种东西联系起来的过程。教育测量结果以数字形式出现，测评者通过其观察、判断、诠释等，把数字转化为评价。

第四阶段是评价价值主体共同建构理论，认为教育评价是一种价值主体共同建构的过程。20 世纪八九十年代的自然主义评价倡导者库巴（E. G. Guba）和林肯（Y. S. Lincoln）在《第四代教育评价》中提出了"第四代评价"。他们认真反思了教育评价理论的发展，在建构主义哲学思想的基础上，提出教育评价的根本任务就是收集各种资料，然后梳理出不同人、不同环境中的建构。要通过协商的方式，消除意见上的分歧，并最终达成共识。[②] 第四代评价理论反对评价中的管理主义倾向，主张运用建构主义探究方法，重视利益相关者各方的意见。评价者与评价对象之间要交互作用，并最终形成共同的心理建构。

现代教育评价理论是在 20 世纪 70 年代末开始被我国教育界引进并接受的，使我国的教育评价研究获得了很高的学科理论起点，是典型的"后发外启型"发展模式。在实践层面，从 20 世纪 90 年代中期开始，

---

① 袁振国，苏红. 教育质量国家标准及其制定 [J]. 教育研究，2013（6）：4-16.

② 徐昌和. 中美学校评价比较研究：组织、标准与实施 [D]. 上海：华东师范大学，2014.

国内许多高校就进行了教育质量评价的实践探索，并取得了许多有益的成果。

二、成果导向教育（OBE）理念与模式

成果导向教育（Outcomes-Based Education，简称 OBE）是指"清晰地聚焦在组织教育系统，使之围绕确保学生获得在未来生活中取得实质性成功的经验"[①]。与知识结构、教师传授为主导的传统教育相反，OBE 强调学生的预期学习成果的确定、达成方式以及达成度的评价。

OBE 是工程教育专业认证的三大基本理念之一，美国工程与技术教育认证协会（ABET）也全面接受了 OBE 的理念，并将其贯穿于工程教育认证标准的始终。2013 年我国成为《华盛顿协议》的预备成员国后，我国工程教育专业认证协会（CEEAA）颁布的《工程教育认证标准（2015 版）》充分吸收了 OBE 的理念，其通用标准中将专业毕业要求应覆盖的内容分解成工程分析、问题分析等 12 个指标作为学生预期产出的能力指标，并将每个能力指标落实到课程设计与教学活动中去，确保学生毕业后获得"未来走向成功的经验"。

基于成果导向的教学模式（Outcomes-Based Teaching and Learning，简称 OBTL），是一种通过教学活动的开展来支撑学习结果的方法或者途径。OBTL 主要有三大构成：预期学习结果（Intended Learning Outcomes，简称 ILOS）、教学活动（Teaching Activities）和结果评估（Outcome-based Assessment）。ILOS 用来描述学生在规定的课程结束时预期达到的成果；教学活动环节的关键点在于教师想要学生学到什么，而不是教师怎么教，或者教什么；在评估环节，使用多种真实性的评估任务

[①] SPADY W G. Outcome-Based Education: Critical Issues and Answers. American Association of School Administrators. 1994.

来进行评价，并且鼓励学生进行自我反思以培养探究与创新等能力。[①]
成果导向教学模式打破传统的"以教师为中心""以知识体系为导向"，
是一种强调学生主体地位的教学模式，实现了教学范式由"内容为本"
向"学生为本"的根本转变。[②] 其特点是在教学目标上强调学生的"知
识、能力、素质"三维教学目标，突出能力本位教育；在教学内容上
更注重选择性，教师根据学生的情况，选择不同的教学内容供不同能力
水平的学生选择，学生则根据自己的不同情况和能力期望来选取相应
的、适合自己的教学内容；在教学过程上更注重以学生为主体；在教学
评价上注重多元化。

---

① CHING M, LUI G, SHUM C. Outcome-Based Education and Student Learning in Managerial Accounting in Hong Kong [J]. Journal of Case Studies in Accreditation and Assessment, 2012, 2: 5-7.

② 顾佩华，胡文龙，林鹏，等. 基于"学习产出"（OBE）的工程教育模式：汕头大学的实践与探索 [J]. 高等工程教育研究，2014（1）：27-37.

第三章

问题意识：新时代高校思想政治教育发展质量的现状与制约因素

　　新时代高校思想政治教育要高质量发展必须针对发展现状和问题进行改进。本章通过资料查询和问卷调查，研究新时代高校思想政治教育发展质量的现状和制约因素。

第一节　新时代国家有关高校思想政治教育发展质量检查评估情况

　　我们先通过国家有关高校思想政治教育发展质量检查评估的情况了解高校思想政治教育发展质量的现状和制约因素。

一、新时代全国三批重点马克思主义学院评审结果

　　全国重点马克思主义学院是中宣部、教育部于 2015 年 10 月联合印发的《普通高校思想政治理论课建设体系创新计划》中提出的一项工程。旨在重点建设一批教学科研皆强的马克思主义学院，逐步构建重点突出、载体丰富、协同创新的思想政治理论课建设体系，不断深化马克思主义和中国化时代化的马克思主义的学习教育，深入开展社会主义核心价值观教育，加强法治教育，坚持不懈地推动中国特色社会主义理论

体系进教材、进课堂、进头脑，不断改善思想政治理论课教学状况，努力把思想政治理论课建设成为学生真心喜爱、终身受益、毕生难忘的优秀课程。

2015年，公布了第一批全国重点马克思主义学院名单，包括北京大学、清华大学、中国人民大学、南开大学、吉林大学、复旦大学、山东大学、武汉大学、兰州大学等9所双一流大学的马克思主义学院。①

2017年3月，公布第二批全国重点马克思主义学院名单，包括北京师范大学、大连理工大学、东北师范大学、华东师范大学、南京大学、浙江大学、福建师范大学、郑州大学、中山大学、四川大学、西安交通大学、新疆师范大学等在内的全国12所著名大学的马克思主义学院。②

2019年7月，公布第三批全国重点马克思主义学院名单，包括首都师范大学、天津师范大学、河北师范大学、辽宁大学、哈尔滨师范大学、同济大学、南京师范大学、安徽师范大学、江西师范大学、山东师范大学、华中师范大学、湖南大学、华南师范大学、广西师范大学、西南大学、贵州师范大学等16所高校的马克思主义学院。③

二、新时代全国马克思主义理论学科评估结果

为了对高校进行全面诊断，了解国家对于985院校、211院校投入力度加大的成效、学科建设水平如何、下一步努力的方向在哪儿，教育部从2004年开始对高校进行学科评估。第一轮在2004年，第二轮在

---

① 教育部办公厅关于召开推进全国重点马克思主义学院建设工作会议的通知（教社科厅函〔2016〕1号）[EB/OL]. 教育部政府门户网站，2016-01-15.

② 中央宣传部办公厅、教育部办公厅关于印发第二批全国重点马克思主义学院名单的通知[EB/OL]. 教育部政府门户网站，2017-03-14.

③ 中央宣传部办公厅、教育部办公厅关于印发第三批全国重点马克思主义学院名单的通知（中宣办发〔2019〕36号）[EB/OL]. 教育部政府门户网站，2019-07-30.

2008 年，第三轮在 2012 年。这三次评估是采用打分评价。进入新时代，又进行了两轮学科评估，改采用等级评价。

第四轮学科评估是在 2017 年。12 月 28 日，教育部学位与研究生教育发展中心（简称学位中心）公布了全国第四轮学科评估结果。① 教育部发布 2017 年马克思主义理论学科评估结果时指出，本一级学科中，全国具有"博士授权"的高校共 93 所，本次参评 83 所；部分具有"硕士授权"的高校也参加了评估。参评高校共计 231 所。结果如下：

A+的学校有：中国人民大学、清华大学、东北师范大学、武汉大学。

A 的学校有：北京大学、吉林大学、复旦大学、南京师范大学、山东大学、华中师范大学、中山大学。

A-的学校有：北京师范大学、首都师范大学、南开大学、华东师范大学、浙江大学、福建师范大学、江西师范大学、中南大学、华南师范大学、四川大学、西南大学、西安交通大学。

B+的学校有：北京交通大学、中央财经大学、天津师范大学、辽宁大学、哈尔滨师范大学、同济大学、上海财经大学、上海大学、南京大学、苏州大学、河海大学、合肥工业大学、山东师范大学、郑州大学、华中科技大学、武汉理工大学、湘潭大学、湖南大学、广西师范大学、西南交通大学、陕西师范大学、兰州大学、南京政治学院。

B 的学校有：黑龙江大学、哈尔滨工程大学、上海交通大学、上海师范大学、南京航空航天大学、浙江师范大学、安徽师范大学、厦门大学、河南大学、中国地质大学、湖南科技大学、湖南师范大学、华南理工大学、贵州师范大学、西安理工大学、新疆大学、新疆师范大学、扬州大学、中国石油大学。

---

① 全国第四轮学科评估结果公布：以评助建推动高等教育发展 [N]. 光明日报，2017-12-29（13）.

B-的学校有：北京航空航天大学、河北大学、山西大学、内蒙古大学、辽宁师范大学、哈尔滨理工大学、华东理工大学、南京理工大学、中国矿业大学、江南大学、江苏大学、江苏师范大学、温州大学、安徽大学、曲阜师范大学、湖北大学、中南民族大学、广西大学、西南财经大学、云南大学、西安科技大学、西北师范大学、海南师范大学。

C+的学校有：北京理工大学、河北工业大学、山西师范大学、哈尔滨工业大学、东北林业大学、华东政法大学、浙江理工大学、杭州师范大学、浙江工商大学、福州大学、福建农林大学、南昌航空大学、江西财经大学、河南理工大学、河南师范大学、信阳师范学院、武汉工程大学、中南财经政法大学、海南大学、重庆邮电大学、西华大学、重庆师范大学、长安大学、三峡大学、广州大学。

C的学校有：北方工业大学、中央民族大学、华北电力大学、山西财经大学、渤海大学、长春理工大学、北华大学、南通大学、安徽工业大学、赣南师范大学、武汉科技大学、武汉纺织大学、长沙理工大学、深圳大学、广西民族大学、重庆大学、西南石油大学、重庆交通大学、西南科技大学、西华师范大学、西南政法大学、贵州财经大学、云南师范大学、延安大学。

C-的学校有：北京化工大学、北京工商大学、中国农业大学、辽宁石油化工大学、沈阳师范大学、长春师范大学、燕山大学、南京财经大学、江西理工大学、山东财经大学、河南工业大学、河南科技大学、河南农业大学、南华大学、广东财经大学、广西师范学院、成都理工大学、云南财经大学、兰州理工大学、宁波大学、重庆工商大学。

第五轮学科评估是在2022年。教育部没向社会发布结果，只下发到了各大高校。因此第五轮马克思主义理论学科评估结果的完整版还不得而知，只能将部分网络信息分享如下，也不一定准确完整：

A+的学校有：中国人民大学、清华大学、武汉大学、北京大学、吉林大学、复旦大学、北京师范大学。

A 的学校有：山东大学、中山大学、南开大学、华南师范大学、四川大学、湘潭大学、上海交通大学。

A-的学校有：华东师范大学、南昌大学、江西师范大学、西安交通大学、同济大学、兰州大学。

三、新时代中央巡视组巡视中管高校的情况

2017 年 6 月，十八届中央第十二轮巡视对北京大学、清华大学、北京师范大学、中国农业大学、北京航空航天大学、北京理工大学、南开大学、天津大学、大连理工大学、吉林大学、哈尔滨工业大学、上海交通大学、同济大学、南京大学、东南大学、浙江大学、中国科学技术大学、厦门大学、山东大学、武汉大学、华中科技大学、中南大学、中山大学、重庆大学、四川大学、西安交通大学、西北农林科技大学、西北工业大学、兰州大学等 29 所中管高校党委开展专项巡视。① 北京大学副校长兼总务长王仰麟违反廉洁纪律，多次接受可能影响公正执行公务的宴请，受到党内严重警告处分；西安交通大学给予 4 名同志党内警告处分、2 名同志诫勉谈话、3 个学院领导班子集体诫勉谈话，8 家单位被通报批评……第十二轮巡视期间，多所中管高校召开警示教育大会，对违反中央八项规定精神和"四风"等方面的问题即知即改、立行立改。②

2021 年十九届中央第七轮巡视，15 个中央巡视组对教育部和 31 所中管高校进行了巡视。9 月 2 日，中央巡视工作领导小组召开十九届中央第七轮巡视集中反馈会议。③ 会议传达学习了习近平总书记听取中央

---

① 十八届中央第十二轮巡视公布 14 所中管高校巡视反馈情况 [EB/OL]. 中央纪委国家监委网站，2017-06-16.

② 巡视利剑作用彰显 标注党内监督新高度 [EB/OL]. 中央纪委国家监委网站，2017-09-15.

③ 十九届中央第七轮巡视完成反馈 [EB/OL]. 中央纪委国家监委网站，2021-09-05.

第七轮巡视情况汇报时的重要讲话精神，通报了巡视发现的共性问题，对巡视反馈和整改工作进行了集中部署。中央政治局委员、中央巡视工作领导小组副组长杨晓渡出席会议并讲话。9月2日至4日，15个中央巡视组分别向教育部和31所中管高校进行了"一对一"反馈。根据中央巡视工作安排，各中央巡视组向被巡视党组织主要负责人通报了巡视发现的重要问题，并向领导班子反馈了巡视情况。

反馈指出，以习近平同志为核心的党中央高度重视教育工作，坚持优先发展教育事业，推动教育改革发展取得明显成效，教育领域面貌发生明显变化。教育部党组和中管高校党委管党治党责任意识得到明显提升，办学治校工作取得新成效，为服务国家战略和经济社会发展作出积极贡献。

反馈也指出了巡视发现的突出问题。有的加强政治建设有不足，贯彻落实党的教育方针和党中央关于教育工作决策部署存在差距，完整准确全面贯彻新发展理念不够到位，对新时代教育工作规律把握不够精准；有的落实立德树人根本任务有不足，思想政治教育比较薄弱，校风学风建设有短板，师德师风建设有待加强；有的执行党委领导下的校长负责制有不足，党委主动担当作为不够，在履行把方向、管大局、作决策、抓班子、带队伍、保落实等职责上存在差距；有的做好新时代意识形态工作有不足，不同程度存在风险隐患；有的深化从严管党治校有不足，责任压力传导还不到底，对一些下属单位问题反映较多，科研、基建等重点领域腐败问题仍有发生，校办企业、合作办学、附属医院等领域廉洁风险比较突出，"四风"问题还有反映，形式主义、官僚主义问题比较突出，个别单位发生顶风违反中央八项规定精神问题；有的加强班子队伍和基层党组织建设有不足，落实新时代党的组织路线不够到位。

中央巡视组反馈的思想政治教育方面的主要问题包括：

南京大学党委贯彻落实习近平总书记关于教育工作的重要论述不够

全面深入，政治站位不够高，落实立德树人根本任务存在薄弱环节，思想政治理论课建设质量不高，落实意识形态工作责任制不够到位，阵地建设存在薄弱环节。

东南大学党委贯彻为党育人、为国育才要求有短板，立德树人根本任务落实机制不够健全，对学生的思想引领、价值观塑造重视不够，落实意识形态工作责任制不够到位，阵地建设和管理不够严格。

中国科学技术大学党委落实立德树人根本任务还有差距，思想政治教育工作有不足，思政课质量不够高，对意识形态工作领导不够有力，阵地管理存在漏洞。

浙江大学党委聚焦立德树人主责主业不够，思政课作用发挥不够充分，师德师风问题比较突出，落实意识形态工作责任制存在薄弱环节，阵地管理不到位。

北京师范大学党委落实立德树人根本任务有差距；抓意识形态工作的举措还不够有力。

复旦大学党委落实立德树人根本任务存在薄弱环节，发挥思政课主渠道作用不够，师德师风和校风学风建设有差距，防范意识形态风险不够有力，阵地管理不够严格。

上海交通大学党委把政治建设贯穿办学治校全过程各方面不够到位，用好红色资源、赓续红色血脉不够，师德师风、校风学风建设有不足，落实立德树人根本任务有差距，思政课和课程思政质量不够高，履行意识形态工作领导责任不够到位，阵地管理和风险防范存在薄弱环节。

同济大学党委学懂弄通做实党的创新理论不够到位，师德师风、校风学风建设有差距，落实立德树人根本任务存在薄弱环节，思政课和课程思政质量不够高，履行意识形态工作主体责任有薄弱环节，落实阵地管理制度不够严格。

中山大学党委学习贯彻习近平总书记关于教育工作的重要论述不够

到位，落实立德树人根本任务存在薄弱环节，思政课建设还有不足，落实意识形态工作责任制存在薄弱环节，阵地管理尚有漏洞。

厦门大学党委落实立德树人根本任务不够到位，思想政治教育工作有不足，思政课教师队伍建设存在薄弱环节，意识形态工作责任制落实不够有力，阵地管理尚有漏洞。

北京大学党委贯彻落实党的教育方针和党中央决策部署不够到位，带头探索建设中国特色世界一流大学有不足，落实立德树人根本任务有差距，思想政治工作不够到位，师德师风建设有待加强，马克思主义理论学科建设还需加大力度，落实意识形态工作责任制不够扎实，阵地管理不够严格。

中国人民大学党委贯彻落实习近平总书记关于教育工作重要论述特别是对中国人民大学提出的坚持"独树一帜"的要求不够到位，建设中国特色的人文社会科学学科体系措施不够有力；落实立德树人根本任务有短板，聚焦主责主业教书育人不够，思想政治教育存在薄弱环节，师德师风建设还需加大力度；落实意识形态工作责任制不够扎实，阵地建设和管理存在薄弱环节。

四川大学党委对立足西部建设高水平研究型综合大学的规律研究不深；落实立德树人根本任务有差距，思想政治工作不够到位，师德师风建设不够扎实，落实意识形态工作责任制有差距，阵地建设和风险防控不够到位。

重庆大学党委思想政治教育有短板，校风学风和师德师风建设不够扎实，意识形态工作责任制落实有差距，阵地管理存在漏洞。

武汉大学党委学习贯彻习近平总书记关于教育工作重要论述不够深入，落实立德树人根本任务有差距，校风学风建设存在不足；落实意识形态工作责任制有差距，阵地建设存在薄弱环节，风险防控机制不健全。

华中科技大学党委立德树人抓得不够实，落实意识形态工作责任制不够扎实，风险防范机制不够完善。

清华大学党委落实习近平总书记关于教育工作和对清华大学的重要讲话、指示批示精神还不够深入，发挥"旗帜""标杆"作用仍有差距；落实立德树人根本任务存在薄弱环节，落实意识形态工作责任制有差距，阵地管理和风险防范不够有力。

中国农业大学党委落实立德树人根本任务有差距，落实意识形态工作责任制不到位，阵地建设和管理存在漏洞，防范风险有短板。

南开大学党委坚持党的领导不到位，学懂弄通做实党的创新理论有落差，落实立德树人根本任务有欠缺，推动马克思主义理论研究阐释和宣传教育不深入，落实意识形态工作责任制有不足，阵地建设和管理存在隐患，风险防控有弱项。

天津大学党委坚持党的领导不够到位，学习贯彻习近平总书记关于教育工作重要论述、落实立德树人根本任务有差距，思想引领和价值塑造能力有待提升；落实意识形态工作责任制不够扎实，阵地建设管理有短板，风险防范化解能力较弱。

山东大学党委学习贯彻习近平新时代中国特色社会主义思想特别是习近平总书记关于教育工作的重要论述还有差距，落实立德树人根本任务不够到位，思政课和课程思政建设有不足，落实意识形态工作责任制还有短板，阵地建设和管理存在漏洞。

大连理工大学党委落实立德树人根本任务不够到位，思政课和课程思政建设有不足，落实意识形态工作责任制存在薄弱环节，防范应对风险能力还不够强。

中南大学党委学习贯彻习近平总书记关于教育工作的重要论述和视察中南大学重要指示精神不够深入扎实，落实立德树人根本任务还有差距，思政课和课程思政质量不够高，师德师风建设存在短板，意识形态工作责任制落实不够到位，阵地管理存在薄弱环节。

兰州大学党委落实立德树人根本任务还有差距，思想政治教育工作针对性和实效性不强，师德师风建设存在薄弱环节，意识形态工作责任压得不实，政治敏锐性不够强，阵地管理存在短板。

北京理工大学党委学习贯彻习近平总书记关于政治建设、教育工作、科技强军等重要论述不够系统深入，落实立德树人根本任务有短板，思想政治教育不够到位；对意识形态工作重要性的认识不够到位，阵地管理存在薄弱环节。

北京航空航天大学党委落实立德树人根本任务不够有力，思政课与课程思政建设不到位，落实意识形态工作责任制不够严格，阵地管理存在薄弱环节。

西安交通大学党委学习贯彻习近平总书记关于教育工作的重要论述和党的教育方针不够深入系统，坚持社会主义办学方向、落实立德树人根本任务还不够到位，思想政治工作实效仍有欠缺，落实意识形态工作责任制还有差距，阵地建设管理存在薄弱环节，防范处置风险不够有力。

西北工业大学党委落实立德树人根本任务还有差距，推动思想政治工作创新发展不够深入，学院党组织作用发挥不充分；落实意识形态工作责任制不够严格，阵地管理存在薄弱环节，风险防范应对机制不够健全。

西北农林科技大学党委落实立德树人根本任务存在不足，思想政治工作不够扎实，二级单位党组织作用发挥不够充分；落实意识形态工作责任制不够到位，阵地建设管理和风险防范存在薄弱环节。

哈尔滨工业大学党委落实立德树人根本任务存在薄弱环节，课程思政、思政课程的协调和创新不够；落实党委领导下的校长负责制有欠缺，推动院（系）党组织发挥政治功能不够；意识形态工作存在薄弱环节，阵地建设和管理不够严格。

吉林大学党委落实立德树人根本任务存在短板，思政课程和课程思政有效衔接、形成合力不够，师德师风建设有薄弱环节；落实党委领导下的校长负责制有不足，院（系）党组织发挥政治功能不够；落实意识形态工作责任制有欠缺，阵地建设、管理不够有力。①

第二节 新时代湖南省高校思想政治教育现状调研

高校思想政治教育要高质量发展，关键在教育者。是否高质量发展，主要看受教育者的状况。我们对湖南省师生主流意识形态认同现状进行了调研，并在师生中开展了湖南省高校思想政治教育现状的访谈。

一、湖南省高校师生主流意识形态认同现状

通过对教育者与受教育者主流意识形态认同现状进行调研，可以从一个方面了解高校思想政治教育发展质量的现状和制约因素。本次调查以湖南省部分高校学生（中南大学、湘潭大学、湖南工商大学、湖南科技大学、湖南城市学院等十余所高校 1500 名学生）和教师（中南大学、湖南工商大学等十余所高校 200 名教师）为主体，针对高校师生对于主流意识形态认同现状，采用现场调查问卷和网络调查问卷形式，对问卷问题进行科学系统的设计，以期在众多样本中获得最精确、最有说服力的数据，从而对湖南省高校师生对于主流意识形态认同状态有一个深刻认识，助力研究高校思想政治教育发展质量的现状和制约因素。

（一）湖南省高校教师对主流意识形态认同现状

十八大以来，习近平总书记多次强调意识形态工作的极端重要性、教师思想政治状况的示范性，并指出要让教师更好担当起学生健康成长

---

① 十八届中央第十二轮巡视公布 14 所中管高校巡视反馈情况［EB/OL］. 中央纪委国家监委网站，2017-06-16. 十九届中央第七轮巡视完成反馈［EB/OL］. 中央纪委国家监委网站，2021-09-05.

指导者和引路人的责任。此部分调研，调查问题主要为以下几个方面：受访教师基本情况、主流意识形态认同情况、对"非马"思潮的认识及分析、高校意识形态责任制建设情况及评价。调查显示，当前，高校教师的思想认识水平、政治素养、主流意识形态引导能力等情况总体积极向上，但还存在一些负向反馈，如高校教师对"学术立场"与"政治立场"的把握容易混淆、在落实意识形态责任制建设过程中存在"瓶颈"等。

首先，湖南省高校教师对主流意识形态认同状态总体积极向上。

一是学习研究党的二十大精神情况良好。湖南省高校对党的二十大召开高度重视，第一时间组织师生进行观看学习，高校教师切实把思想和行动统一到党的二十大精神上来，深入领会党的创新理论。调查显示，高校教师能够深入了解并贯彻党的二十大精神，对二十大报告中关注的内容各有侧重。80%的教师对于党十年来所经历的三件大事有全面深入的认识，98.7%的教师认为党的二十大与自身联系紧密，对全面建成社会主义现代化强国两步走战略安排充满信心。教师是理论创新的主体，是高校主流意识形态传播的主力军。高校教师对于二十大精神的学习研究的重视，将推动二十大精神在大学生群体中的学习传播，推动学术研究创新，产生广泛的学术影响和社会效应。

二是政治立场坚定，对党的创新理论整体把握较好。绝大多数高校教师对习近平新时代中国特色社会主义思想认同度高。据调查显示，高校教师对马克思主义理论，特别是中国化时代化的马克思主义理论持积极、肯定的态度。对马克思主义理论的研究高度重视，92.1%的教师认为"有计划、有重点地认真研读马克思主义经典原著"才能更好地掌握马克思主义理论。习近平新时代中国特色社会主义思想，是 21 世纪的马克思主义，是中国化时代化的马克思主义，在对"您平时主要关注的习近平新时代中国特色社会主义思想是?"从这一问题的回答中可以看出，高校教师对习近平新时代中国特色社会主义思想的核心要义高度关注，且有侧重地关注与自己研究方向以及兴趣点的相关重要论述。从调查结果看，绝大多数高校教师对坚持和发展中国特色社会主义道路以及中国特色社会主义理论体系有正确的认识且持高度拥护的态度。

三是对主流意识形态认同度高且在实践中积极落实。高校教师是传播知识、育人育才的主体，对学生的成长成才具有重要意义。社会主义核心价值观是当代社会主义主流意识形态的集中体现，从调查中可见，湖南省多数教师对社会主义核心价值观高度认同并能够付诸实践。在对"作为高校教师，您是否认同社会主义核心价值观"这一问题中，98.7%的教师完全认同，有深刻认知，并且有88.2%的教师已经积极付诸行动。从中可以看出，湖南省高校教师能够积极响应党中央培育和践行社会主义核心价值观的号召。这也将会提升高校主流意识形态认同教育的感召力。

四是高校教师意识形态责任制度建设取得较大成效。习近平总书记提出了一系列关于新时代意识形态工作的新观点和新论断，创新了高校教师意识形态责任制度建设内容。调查显示，湖南省高校从总体要求、责任要求等方面，明确了校党委、各级党组织在意识形态工作中的领导管理责任。在"您所在高校是否认真落实党委理论学习中心组学习制度"这一问题中，94.7%的教师表示明确了内容与形式、管理与考核的要求，对于"您所在的党组织是否认真落实各层级学习制度，对个人提升作用如何"这一问题中，76.3%的教师表示校党组织深入落实，个人理论水平显著提升。这标志着湖南省高校党委意识形态责任制全面确立实施，并取得较大成效。

其次，湖南省高校教师对主流意识形态认同状态也存在一些问题。

一是对"学术立场"与"政治立场"的把握容易混淆。存在"学术问题"政治化现象。学术问题的研究是对真理的追求，如果学术问题研究贴上"政治"的标签，将会限制学术问题的研究。调查显示，湖南省也存在高校学术问题研究"泛政治化"现象，存在用解决政治问题的办法对待学术问题的简单化行为。从"您认为当前高校'学术问题政治化'现象是否存在"这个问题中可以看到，36.8%的教师认为当前"高校学术问题政治化现象普遍存在"，57.9%的教师认为当前"高校学术问题政治化现象个别存在"。习近平总书记指出，不要把一般的学术问题当成政治问题，也不要把政治问题当作一般的学术问题。近年来，高校教师不当言论频繁出现，这种"政治问题学术化"的现象在湖南省高校中也成了一个不可忽视的问题。调查显示，绝大多数教师能够坚守马克思主义阵地，但是在"您认为当前高校的'政治问题学术化'现象是否存在"这一问题中，23.7%的教师认为当前高校"政治问题学术化"现象普遍存在，68.4%的教师认为当前高校"政治问题学术化"现象个别存在。

二是对西方社会思潮的警惕性较弱。部分教师立场坚定，但是对价值观渗透风险认识不到位。在"您是否有觉察到身边有价值观渗透现象"这一问题中，90.8%的教师表示存在一定的价值观渗透，2.6%教师表示并不觉得有价值观渗透现象，6.6%的教师表示平常没有关注这方面的内容。在"您对于西方社会思潮认同度"这一问题中，绝大多数高校教师对于西方思潮是完全不认同的，但仍然有30.2%的教师对于普世价值表示认同，14.4%的教师对于民主社会主义表示认同，15.7%的教师对于生态主义表示认同。在多元文化和市场经济，特别是各种社会思潮的冲击下，教师对西方意识形态渗透的警惕性有待提高。

三是高校教师意识形态责任制具体建设路径相对滞后。调查显示，湖南省部分高校存在意识形态工作责任制具体落实流于形式、落实学习制度表面化的现象，部分高校的教材管理制度具体落实还不太理想。在回答"您认为高校教师应如何落实价值观防范责任制"这一问题时，3.9%的教师选择了"不需要落实，价值观防范责任制很有可能发挥不出预期效果"；5.3%的教师认为，高校在落实党委（党组）理论学习中心组学习制度存在表面化、形式化的现象。

四是在教学与科研中存在"压力感"。调查显示，有71.1%的教师感受到了职业带来的"压力感"。本次调查样本以青年教师居多，其面临教学和科研的压力以及生活压力和经济负担，在一定程度上会阻碍他们的发展动力。高校要不断完善教师发展体系，使青年教师能够全身心投入教育事业，增强他们的获得感和幸福感，从而坚定他们对主流意识形态的认同。

（二）湖南省高校学生对主流意识形态认同现状

党的二十大报告指出："全党要把青年工作作为战略性工作来抓，用党的科学理论武装青年，用党的初心使命感召青年，做青年朋友的知心人、青年工作的热心人、青年群众的引路人。"① 我们科学评估大学生主流意识形态认同的现状，有的放矢做好主流意识形态建设工作。此部分调查结果表明，湖南省大学生对主流意识形态的认同总体呈积极状态，但仍存在亟待解决的问题。

首先，湖南省大学生对主流意识形态认同状态总体向好。

一是党的二十大精神学习落实情况和学生学习掌握情况良好。在本次调查范围内的高校都组织学生统一观看学习了党的二十大实况直播，并取得了良好的学习效果。大部分学生观看后有了深刻的感悟，对二十大报告中所指的十年来经历的三件大事都有一定了解。调查数据显示，关于"是否认真观看党的二十大直播或回放"这一问题，有62%的学生选择了"进行观看，有比较深刻的感悟"，26%的学生选择了"进行观看，但个人感悟不深"，8.4%的学生选择了"未观看，但通过其他途径了解，有比较深刻的感悟"。关于"是否知道党的二十大报告中所指的十年来经历的三件大事"这一问题，有36.9%的学生选择了"完全

---

① 习近平. 高举中国特色社会主义伟大旗帜为全面建设社会主义现代化国家而团结奋斗：在中国共产党第二十次全国代表大会上的报告［M］. 北京：人民出版社，2022：71.

了解"，有 57.4% 的学生选择了"了解一部分"。这表明大部分学生关心国家大事要事，能够积极参与政治生活，从侧面反映学生们认真学习了党的二十大报告。

二是高度认同社会主义核心价值观且整体呈积极状态。社会主义核心价值观是社会主义核心价值体系的凝练表达，内在包含了国家、社会和个人的三个层面，对于促进人的全面发展、引领社会全面进步以及实现中华民族伟大复兴有着重要的意义。青年是国家的希望和民族的未来，作为在未来承担着中流砥柱作用的大学生来说，是否认同社会主义核心价值观，关乎国家和民族的前途命运。在对"您是否认同社会主义核心价值观"这一回答中，96.5% 的学生选择了"非常认同"；2.9% 的学生选择了"部分认同"。社会主义核心价值观是大学生正确价值观形成的关键，调查数据表明，多数大学生对社会主义核心价值观持高度认同且整体呈积极状态，这对凝聚民族力量、维持高校意识形态稳定有着重要作用。

三是对西方文化的关注度和态度存在差异，但总体呈理性状态。当前，国外热门的影视、音乐、小说等文艺载体"隐喻"宣传西方价值观，影响学生的价值观塑造，对我国主流意识形态传播带来负面影响。在"如何看待外国热门的影视、音乐、小说等文艺载体'隐喻'宣传西方价值观"问题时，44.7% 的学生认为"很严重，必须提高警惕"，28.8% 的学生认为"存在这类现象"。这说明当前西方价值观渗透十分严重，对大学生造成了一定负面影响。对"西方宗教的态度"这一问题，57.5% 的学生选择"仅限了解，不会去信"，26.4%"不想了解"，8.5% 的学生"有些反感"或是"有些害怕，避而远之"。调查表明，虽然当前西方意识形态渗透较为严重，但是多数大学生能够认识到、辨别出文艺载体"隐喻"的西方价值观念，在对待西方宗教的问题上，大多数学生能保持科学的态度，坚持唯物主义。

四是有强烈的国家和民族意识，且对国家方针政策整体呈现支持和

73

拥护态度。"国家意识是国民对其所属国家的感知、归属、认同等情感及心理状态的总和，是维护国家主权独立、保护领土完整、维护民族尊严的意识和观念。"[①] 多数大学生具有强烈的国家和民族意识，且对国家方针政策整体呈现支持和拥护态度。在对"您如何看待'青年要做社会主义事业的建设者和接班人'"这一问题上，94.7%的学生认为"要把实现个人价值和社会价值、时代需要相统一"。在"您会和老师或者同学和朋友探讨习近平新时代中国特色社会主义思想吗"这一问题，选择"经常会，有浓厚的学习兴趣"的学生占32.9%，"偶尔会，比较感兴趣"占37.2%，"视情况而定，有重要讲话或活动的时候会"占29.8%。这说明绝大多数大学生拥有报效祖国的意愿，愿意主动学习、探讨习近平新时代中国特色社会主义思想，并将个人理想融入国家建设发展，具有强烈的爱国情怀。

其次，湖南省大学生对主流意识形态认同也存在一些问题。

一是对主流意识形态的践行能力较弱。根据调查数据显示，湖南省大学生在对社会主义核心价值观的认同度上总体呈现积极向上的反馈，96.5%的学生高度认同社会主义核心价值观，但仍然有14.5%的学生虽然认同但并未践行，并且还有0.5%的学生表示与自己的学习生活无关，不关心社会主义核心价值观。具体来看，从上述的分析可知，高校学生具有强烈的爱国意识，但是只有82.5%的学生在面对互联网上一些关于党和国家的负面言论时会有采取举报、跟帖反驳等纠正措施的意识，还有30.4%的学生选择什么都不做，这在一定程度上会助长此类言论传播、发酵，冲击学生对主流意识形态的认同。

二是面对西方文化思潮渗透时，自我辨识能力较低。互联网的发展在给人们获取信息带来极大便利的同时，不可避免地带来了多元社会思

---

① 王丽娟. 大学生意识形态认知现状分析：基于我国中部地区七所高校的调查 [J]. 天津师范大学学报（社会科学版），2022（6）：62-67.

潮交织、各种非主流价值观混杂等思想冲击。占调查体量71%的学生表示获取时政新闻主要来源于"微博、微信、抖音、小红书"等社交媒体，这也就给非主流价值观念、西方社会思潮、极端言论冲击学生思想提供了可乘之机。学生群体作为一个涉世未深，思想及行为易被鼓动并且判断能力较弱的人群，在面对具有显著的开放性、平等性、交互性、便捷性等特点的互联网时，或多或少会受到多样化思潮影响，如西方普世价值等。据现有数据显示，高达调查体量56%的学生周围存在"为了追星、获取国外新闻通过'翻墙'软件浏览境外网站"的现象。"翻墙"之后将不可避地受到西方错误价值观及负面言论的冲击，而调查结果显示只有73.5%的学生有较强的防范意识，表明面对可能存在的西方价值观入侵，我们"必须提高警惕"，相对地，有26.5%的学生没有这么强烈的警惕意识，甚至有1.4%的学生会认同外国热门的影视、音乐、小说等文艺载体"隐喻"宣传的西方价值观。高校学生防范意识形态渗透的意识薄弱，易受到非主流价值观的冲击，亟待高校采取相应措施应对。

三是高校主流意识形态培育能力不足。高校思政课是传播主流意识形态的主要载体，是大学生理想信念教育的主阵地。根据调查显示，部分高校思政课存在教学内容、教学方法脱离学生，教师能力较弱，讲课枯燥无味等问题。在关于思想政治教育活动开展的态度问题上，占总调查体量40%的同学表示学校虽然统一组织了学习最新理论政策的活动，但事实上并没有起到很好的效果，也没有让学生有深层体悟，且存在流于形式的现象。在对思政课的态度方面，有23.4%的学生明确表示学校思政课"不够吸引人"，8.5%的学生表示不想上、不喜欢、没兴趣，老师讲课枯燥、与自己专业无关。具体在"对于青年大学习网上主题团课的提法作出您的判断和选择"这一问题的选择中也有所体现，15.8%的学生表示青年大学习网上主题团课枯燥乏味，另有18%的学生表示"多数情况下是由于学校的强制性学习要求"，可以看出有很多学生对于一些思想政治教育活动的参与积极性并不高，其缘由值得我们深思。

二、湖南省高校师生对新时代高校思想政治教育状况的看法

我们采用座谈会、电话咨询、网络交流方式对湖南省5所高校的师生进行访谈，要求他们结合本单位的实际谈谈自己认为新时代高校思想政治教育主要取得了哪些成就？存在的主要问题是什么？新时代高校思想政治教育的内容应从哪些方面着力？新时代高校思想政治教育质量提升的路径有哪些？保障是什么？对新时代高校思想政治教育发展质量评价的改进有何建议？现将部分访谈记录摘录如下。

（一）湖南省高校学生对新时代高校思想政治教育状况的看法

某高校大三学生："思政课是新时代高校思想政治教育的主渠道。我在思政课上，学习了《思想道德与法律基础》《中国近现代史纲要》《马克思主义基本原理概论》《毛泽东思想与中国特色社会主义理论体系概论》等内容。这些课程让我对国家的发展历程有了更深入的了解，也让我明白了社会主义制度的优越性。同时，通过思政课，我还学到了如何运用所学知识分析社会现象，提高了自己的思辨能力。通过思政课的学习，我在思想观念、价值取向等方面取得了很大的进步。我更加关注社会热点问题，积极参与志愿服务活动，努力为社会作出贡献。同时，我也明白了自己的责任和使命，将更加努力地学习专业知识，提高自己的综合素质，为国家的繁荣发展贡献自己的一份力量。"

某高校大三学生："高校思政课学校高度重视，常有领导、督导来听课。有些老师上得很好，但有些老师的课还真不敢恭维，基本是照本宣科。为了提高思政课的教育质量，我有以下建议：首先，教师应加强对课程内容的更新和完善，以适应时代发展的需要。其次，应改进教学方法，更多采用大学生喜闻乐见的方法，激发我们的学习热情。最后，应注重理论与实践相结合，引导学生将所学知识运用到实际生活中去。"

某高校大二学生："除了思想政治理论课，我认为学校组织的暑假三下乡活动，对大学生深入了解农村现状、发挥专业知识与技能、为农村的发展贡献力量、提升大学生的社会责任感和实践能力，非常有帮助。譬如，我们社会实践团到湖南省四个贫困村开展 20 多天的社会实践活动，学习搞社会调查，给乡村小朋友上课，组织村民开展文化活动，不仅深受当地村民欢迎，而且对我们教育很大。只是社会实践活动项目经费太少，资金缺口全为同学们自筹。但相比收获，大家并无怨言。"

某高校大三学生："我们学校组织的暑假三下乡活动项目多种多样，有扶贫支教，有新思想宣讲，有红色资源挖掘等。为了保证活动安全进行，每支三下乡队伍都有老师带队。我们 6 位同学在 2 位老师的带领下，通过下乡前一个星期的培训、准备，来到浏阳市王震故居开展 5 天的社会实践活动，并承担故居讲解工作。然后将社会实践情况写成新闻稿和社会实践报告。虽然只有几天时间，但对每个同学的锻炼都很大。我们的新闻稿还被红网等多家媒体发表了。"

某高校大一学生："我们刚入学不久，大学新生的适应性问题是高校当中普遍存在的问题，我也不例外。例如，在生活上自理能力不强、学习上被动，参加学校社团和社会实践活动没有计划性等，很想得到老师的帮助，但不论是思想道德与法治课还是心理健康教育课都是讲道理多，具体指导少，希望学校能有更具体的教育与指导。"

某高校大四学生："说到网络思想政治教育，学校有不少思想政治教育网站，年级、班级、社团、课程也建立了不少 QQ 群、微信群。但大部分同学除了完成作业、考试会去关注相关思想政治教育内容外，并不喜欢看主流媒体的新闻报道，而喜欢刷抖音、快手等短视频，看微信、朋友圈转发的信息。有些信息真假难辨，真希望学校加强这方面的教育、管理与引导。"

某高校大四学生："学校在资助困难学生方面还是做了不少工作的。学校每年都会有家庭困难学生资助评审发放。特别是疫情防控期间，一些同学父母失去工作，收入减少，困难同学增加。原来每个班给1个资助名额还没人报，后来给2个还远远不够。资助金额也是杯水车薪。也有家庭困难的同学不去申报资助的。希望相关部门加强调查研究，把资助用在刀刃上。学校要求同学们入学后就买'学平险'，这个保险交钱不多，真碰到困难了，如大病等，理赔资助力度大，倒是挺解决问题的。"

（二）湖南省高校教师对新时代高校思想政治教育状况的看法

某高校思想政治理论课教师："党的十八大以来，党和国家对高校思想政治理论课高度重视，这是我们从事思想政治理论课教学的老教师深刻感受到的。特别是习近平总书记多次在各种会议和讲话中，都强调思想政治理论课的重要性。我们比较深刻地认识到，思想政治理论课承担着在新时代促进人民群众尤其是青年学生理解党的历史使命、认同党的奋斗目标、践行党的行动纲领的重大任务。思想政治理论课是社会主义意识形态领域的重要阵地，如果这个阵地出了问题，就可能导致社会动乱甚至丧失政权。因此我们深感责任重大。我们要牢牢掌握意识形态领域的话语权和主导权，揭露西方'普世价值'的本质，抵制各种错误思潮的侵袭，引导青少年坚定不移地走中国特色社会主义道路。"

某高校思想政治理论课教师："高校思想政治理论课教师责任重大。特别是我们作为入职不久的青年教师，深感压力巨大。一是教学的压力大。当代大学生知识面广、自我意识强，加上价值多元，对他们进行有效的引导并非易事。要想自己的课受学生欢迎，既不能违背教学大纲一味逢迎学生，又不能照本宣科一味进行灌输。虽然我们参加了国家、省和学校组织的各种培训，但仍感力不从心，教学效果不理想。二是科研压力大。年度考核指标中不但有教学工作量的考核，还有科研工作量的考核，职称晋升条件越来越高，要有高层次课题、有高水平论文，我们一时都很难达到。躺平又不行，还得养家糊口，一些教师萌生了转行政岗的想法。"

某高校专业课教师："高校专业课教师普遍认识到，课程思政不是简单地将思政内容融入专业课教学，而是要实现价值观教育与知识教育的有机统一。课程思政的目标是培养德智体美劳全面发展的社会主义建设者和接班人，注重在传授知识技能的同时，引导学生树立正确的世界观、人生观和价值观。我认为，专业课程中蕴含着丰富的思政元素，如科学精神、人文素养等。通过挖掘这些元素，可以让学生在掌握专业知识技能的同时，提高思想道德素质，培养社会责任感。"

某高校专业课教师："对课程思政，一些专业课教师也有不同看法。有些老师认为，将思想政治教育融入专业课程中，会导致专业课程的地位被削弱，使得专业课程变得不纯粹。也有些教师认为，目前一些专业课的课程思政只是将一些思想政治教育的概念简单地灌输给学生，是在贴标签，而没有真正地融到课程中。我认为，为了在专业课教学中融入思政内容，应积极探索，深入挖掘专业课程中的思政元素。注重将科学精神、创新意识、中华优秀传统文化等元素与专业知识相结合，使学生在学习过程中潜移默化地接受思想政治教育。"

某高校学生辅导员："高校辅导员工作十分繁杂，既要抓学生思想政治教育，又要对学生进行学业指导、心理辅导、职业规划、就业指导，还要关注学生的家庭情况和大学生活。可以说我们的工作涵盖了学生在校期间的各个方面，从思想引导到生活琐事，无一不包，责任重大，工作繁重。作为保研留校担任两年辅导员的我们，既有辅导员的工作任务，又要兼顾专业学习，特别是专业又与辅导员工作不对口，所以对辅导员工作疲于应付，有临时工思想。这可能是我们这类辅导员普遍存在的问题。不过，我们都深感辅导员工作对我们的思想和能力锻炼很大，很感谢学校为我们提供了一个非常棒的学习和实践的工作。"

某高校心理咨询中心教师："大学生心理健康教育和心理咨询工作是新时代高校思想政治教育不可缺少的组成部分。我们中心每年会对新生进行心理普查。除了日常的学生心理咨询工作外，也承担部分大学生心理健康教育必修课的教学。在心理咨询过程中，我们了解到同学们在自我认知方面，多数大学生能够正视自己的优点和不足，并积极寻求自我提升，也有部分学生存在自卑、自我怀疑等消极情绪。在情感体验方面，他们普遍情感丰富、思维活跃，能够积极面对生活中的挑战和压力，但也有部分学生存在焦虑、抑郁等心理问题。一年级同学主要受适应问题和学习问题困扰，二、三年级同学学习问题、人际交往问题、恋爱问题多些，高年级同学和研究生对处理导师关系、就业问题比较关注。针对这些问题我们也很难满足他们的需求，因为心理咨询中心专职人员太少。"

从以上访谈记录可以感觉到新时代高校思想政治教育的确得到了可喜的发展，但也存在一些亟待改进的问题。

第三节　新时代高校思想政治教育
高质量发展的成就与问题

中国特色社会主义进入新时代，面对新时代的新形势和新挑战，高校思想政治工作坚持改革创新发展，取得了明显进展和成绩，但仍存在一些问题。

一、新时代高校思想政治教育高质量发展的主要成就

综合文献查询和调查研究，我们认为新时代我国高校思想政治教育取得了长足的发展。主要表现在如下方面：

一是对高校思想政治工作地位的认识进一步提升。改革开放以来，高校思想政治工作在科学化、专业化和规范化方面取得了长足的进步，但也出现了有的地方和高校对思想政治工作重视不够的问题。习近平总书记围绕高校思想政治工作发表了一系列重要讲话，中共中央及中宣部、教育部下发了一系列加强和改进高校思想政治工作的配套文件，高校思想政治工作被纳入意识形态工作责任制的重要内容，成为高校巡视巡查的重要指标。高校思想政治工作被提升到全局性、整体性、战略性的高度，有效改善了有些地方和高校在办学方向上存在的模糊认识，对高校思想政治工作地位和作用的认识明显深化。

二是高校思想政治工作制度进一步完善。新时代以来，特别是近五年，中央及各部委印发各类高校思想政治工作制度文件 30 多个，这些文件涉及高校思想政治工作的各个领域，可以分为关于高校思想政治工作体系建设的文件，如教育部等八部门印发的《关于加快构建高校思想政治工作体系的意见》；关于课程建设的文件，如中共中央办公厅、国务院办公厅《关于深化新时代学校思想政治理论课改革创新的若干意见》，教育部《高等学校课程思政建设指导纲要》，中宣部、教育部《新时代学校思想政治理论课改革创新实施方案》等；关于队伍建设的文件，对思政课教师、辅导员、研究生导师提出明确要求，并对所有高校教师提出师德师风建设要求；关于基层组织建设的文件，如《普通高等学校学生党建工作标准》《高校党建工作重点任务》《中国共产党普通高等学校基层工作条例》等；关于阵地建设的文件，如中共中央办公厅《关于加强新时代马克思主义学院建设的意见》，教育部《普通高等学校马克思主义学院建设标准》（2017 年本和 2019 年本）等；关于资源保障建设的文件，如教育部、国家文物局《关于充分运用革命文物资源加强新时代高校思想政治工作的意见》，教育部《高校思想政治工作专项资金管理暂行办法》等文件。这些文件规定，为推进新时代高校思想政治工作作了顶层设计。

三是思想政治理论课和课程思政的改革创新进一步加强。首先加强了高校思想政治工作主渠道建设，强化思想政治理论课的引领作用，引导其他课程与思政课同向同行，加强课堂阵地管理，课堂教学主渠道发生深刻变化。习近平总书记亲自主持召开学校思想政治理论课教师座谈会，中共中央办公厅、国务院办公厅、教育部联合下发文件，思政课教学受到高度重视。其次强调其他课程与思政课同向同行的问题有了明确载体。教育部制定了《高等学校课程思政建设指导纲要》，为其他各类课程开展思想政治教育提出指导性意见，并且在高校设立课程思政建设中心，引导高校其他课程开展思想政治教育。

四是高校思想政治工作格局进一步完善。做好高校思想政治工作，需要构建全员、全过程、全方位育人的"大思政"工作格局。五年来，高校思想政治工作格局发生了深刻变化。从高校内部工作格局来看，为构建高校思想政治工作大格局，中共教育部党组专门印发了《高校思想政治工作质量提升工程实施纲要》，从课堂育人、科研育人、实践育人、文化育人、网络育人、心理育人、管理育人、服务育人、资助育人、组织育人等十个方面构建育人体系，将推进"三全育人"综合改革作为提升高校思想政治工作质量的重要抓手。从高校与外部关系格局来看，高校思想政治工作既与社会、家庭相互作用和影响，与中小学德育密切关联，还与教育主管部门和各地区各部门为高校思想政治工作营造的社会环境存在密切关系。全党全社会努力办好思政课、教师认真讲好思政课、学生积极学好思政课的良好氛围正在逐渐形成。同时高校思想政治工作领域和载体进一步拓展。高校思想政治工作逐渐向网络领域、资助领域、心理领域不断拓展和延伸，作用领域覆盖学校生活的方方面面，实现了从理论到实践、从现实到虚拟、从显性到隐性、从直接到间接等的新拓展。

五是高校思想政治工作力量建设发生根本变化。表现在高校教师队伍建设得到明显加强。教育部先后出台了《关于全面深化新时代教师队伍建设改革的意见》《关于全面落实研究生导师立德树人职责的意见》《新时代高校教师职业行为十项准则》《高校教师师德失范行为处理的指导意见》《关于加强和改进新时代师德师风建设的意见》《关于加强博士生导师岗位管理的若干意见》《关于加强新时代高校教师队伍建设改革的指导意见》等政策文件，教师立德树人责任、意识和能力得到明显提高。高校思想政治工作专门队伍数量明显增加。《关于深化新时代学校思想政治理论课改革创新的若干意见》明确规定思政课教师、辅导员师生比，并要求配备组织员。截至 2021 年 11 月底，登记在册的全国高校思政课专兼职教师超过 12.7 万人，其中专职教师超过 9.1 万人，思政课师生比 1∶350 的规定基本达标。截至 2021 年 9 月，全国高校共有专兼职辅导员 21.87 万人，比 2017 年增加了 7 万人，综合师生比达 1∶171。① 目前 "9 万多名专职思政课教师中，49 岁以下教师占 77.7%，拥有研究生以上学历的占 72.9%，具有高级职称的占 35%。2021 年，思政课专职教师中拥有博士学位的有 17866 人，比 2016 年增加 8486 人，增幅达 89%。'高学历、年轻化已成为思政课教师队伍发展新状态。'"② 高校思想政治工作队伍建设展现新风貌，一定程度上扭转了个别教师不能教书育人、为人师表的状况，强化了师德师风建设和思想政治工作队伍建设。③

二、新时代高校思想政治教育高质量发展存在的主要问题

综合文献查询和调查研究，我们认为新时代高校思想政治教育高质

---

① 教育部召开发布会，介绍 5 年来贯彻落实全国高校思政会精神工作成效：格局性变化 历史性成就［EB/OL］. 教育部政府门户网站，2021-12-08.
② 教育部召开发布会，介绍 5 年来贯彻落实全国高校思政会精神工作成效——格局性变化 历史性成就［EB/OL］. 教育部政府门户网站，2021-12-08.
③ 佘双好，马桂馨新时代高校思想政治工作的主要成就、基本经验与发展趋势［J］. 思想理论教育，2022（2）：33-39.

量发展存在以下主要问题，它们制约着发展质量的提升。

第一，高校党委对高校思想政治教育工作的认识有待进一步提高。部分高校缺乏对高校思想政治工作重要性的深刻认识，始终把学校的重心放在招生与扩招、增强师资力量与增加教学资源上。中央在巡视 31 所中管高校的反馈意见中指出了巡视发现的突出问题，有的高校贯彻落实党的教育方针和党中央关于教育工作决策部署存在差距；有的高校落实立德树人根本任务有不足，思想政治教育比较薄弱，师德师风建设有待加强；有的高校做好新时代意识形态工作有不足，不同程度存在风险隐患。

第二，高校思政课教学改革和课程思政需进一步增强实效性。随着科技和信息技术的迅速发展，大学生学习思政知识与接受信息的方式越来越多样化。传统的思政教学中，以教师为主直接灌输思政理论的教学模式，越来越不受大学生的欢迎。枯燥的理论学习与缺乏互动环节削弱了思政课的吸引力。虽然高校引进多媒体新技术，并应用到课堂当中，但是有部分老师不过是由照课本教学变为照 PPT 教学，并没有做出实质性的改变。忽视思想政治教育课中的实践活动也是普遍存在的现象。课程思政作为一种新的教育理念，旨在将思想政治教育融入各类课程中，实现全课程育人。然而，在实际推行过程中，却存在思想政治教育的概念简单地灌输给学生，而没有真正地融到课程中的做法。这些做法主要来源于对课程思政的理念和实施方式的不理解或误解，没有真正认识和感受到课程思政育人的价值和意义。

第三，互联网对高校思想政治教育工作的影响应引起高度重视。海量的网络信息无时无刻不在影响学生们，互联网的开放性与内容的丰富性，导致学生过早地接触一些未掌握的知识，也使得学生忽视了教师课堂所讲授知识的重要性，影响了教师教育教学的效果。网络信息的复杂性与不可控性，对于一些心智不成熟、辨别能力较差的学生来说，是十分危险的，有害的信息会使学生的价值观发生改变，思想出现偏差，甚至是动摇自己的政治立场，这些问题十分不利于高校思想政治教育工作的进行。

第四，高校思想政治教育工作者综合素质有待进一步提高。我国高校思政教师的综合素质参差不齐，无法达到新时代高校思想政治教育工作的要求。思政教师的理论知识需要与时俱进，不断进行更新换代。由于思想政治教育具有综合性，从事思政教育工作的教师需要具备较高的综合素质，在储备极丰富的专业知识的前提下，还需学习社会学、心理学和管理学等学科知识，运用多种学科知识开展思想政治教育工作。但是，我国高校思想政治教育工作者还无法达到这一标准，无法高质量地开展思想政治教育工作。同时思想政治教育教师要正确区分学术问题和政治问题，明确"学术"立场与"政治"立场。学术研究具有独立性和自由，但它是社会生活和政治生活的产物，我们不能脱离社会基础来谈"学术自由"，更不能脱离政治环境来谈"学术自由"。

第四章

内容发展：新时代高校思想政治教育发展质量提升的内容着力点

　　新时代高校思想政治教育发展质量提升的内容着力点的研究必须以中国共产党百年思想政治教育内容的历史演进为基础。思想政治教育是中国共产党的优良传统和政治优势，党始终坚持马克思主义基本原理同中国具体实际相结合的原则，为实现不同历史时期的目标任务，不断丰富着思想政治教育的内容。新时代高校思想政治教育内容的发展正是对中国共产党百年思想政治教育内容的守正创新。

第一节　中国共产党百年思想政治
教育内容的历史演进

　　中国共产党的思想政治教育工作先后经历了新民主主义革命时期、社会主义革命和建设时期、改革开放时期以及中国特色社会主义新时代四个历史发展阶段。中国共产党总是根据各个历史时期的目标任务确定思想政治教育的内容，其内容演进也经历了开端、初步定型、日渐成熟、曲折前行、科学发展和开拓创新的历程，成为党的工作的生命线和引领时代发展的精神灵魂。

一、新民主主义革命时期思想政治教育内容从初创到定型

新民主主义革命时期我党思想政治教育内容服务于启发工农群众，动员党和军队以及广大人民群众开展反帝反封建反官僚资本主义的新民主主义革命。

1921 年至 1927 年是中国共产党思想政治教育的开端时期。在中国共产党创立之前，"十月革命一声炮响，给我们带来了马克思列宁主义"。中国先进知识分子通过组建早期共产党组织，研究学习马克思主义。李大钊发表《我的马克思主义观》《布尔什维主义的胜利》等文章，同当时反马克思主义思潮进行论战，为中国共产党的成立打下了坚实的思想理论基础。马克思主义在中国的传播促进了先进知识分子的觉醒，马克思主义成为这一时期思想政治教育的主要内容。以李大钊、陈独秀、毛泽东为代表的中国先进知识分子深入工人之中传播马克思主义，促进了工人阶级的觉醒，他们作为独立的政治力量登上历史舞台，为中国共产党的成立奠定了阶级基础。1921 年 7 月，中共一大明确中国共产党为共产主义奋斗的崇高理想。1922 年 7 月，中共二大提出党的最高纲领是实现共产主义，最低纲领是反帝反封建，建立民主共和国。革命理想教育成为思想政治教育的主要内容。党在创建之初就指出了党对于工农思想政治教育和宣传工作的重要性，要求利用报纸杂志、书籍、开办工农补习学校、工会等方式宣传马克思主义、宣传党的主张，促进了第一次工人运动高潮的到来。1923 年 6 月，中共三大不但确定了与国民党建立革命统一战线，而且通过了《农民问题决议案》，开始把宣传和发动农民提上议事日程。

1927 年至 1935 年是中国共产党思想政治教育的初步定型时期。大革命失败，党的工作重点从城市转向农村。毛泽东在领导秋收起义和创建井冈山革命根据地的斗争中，发现农民阶级参加革命存在极端民主化、纪律性不强、官兵等级观念等非无产阶级思想。宣传马克思主义，纠正错误思想、加强纪律性的教育成为思想政治教育的主要内容。1927年通过"三湾改编"把"支部建在连上"，建立了军队思想政治工作制度。1929年召开的古田会议，毛泽东发表了《关于纠正党内的错误思想》的讲话，形成《古田会议决议》，对思想政治工作的地位、作用进行了详细阐述，标志着中国共产党思想政治工作理论的初步形成。在1934年工农红军第一次全国政治工作会议上，周恩来明确提出"政治工作是红军生命线"，由此确立了思想政治工作在中国共产党和军队建设中的根本指导地位。

1935年至1949年是中国共产党思想政治教育日渐成熟的时期。1937年7月毛泽东的《实践论》《矛盾论》从哲学的高度对思想政治教育的基本经验进行了总结。延安整风运动，以反对主观主义以整顿学风、反对宗派主义以整顿党风、反对党八股以整顿文风为主要内容，强化了马克思主义理论教育，提高了中国共产党的马克思主义理论水平和实事求是的工作作风。谭政的《关于军队思想政治工作问题的报告》用马克思主义观点对土地革命和抗日战争时期的思想政治工作经验进行了系统分析和全面阐述，标志着中国共产党的思想政治工作已经成熟。抗日战争时期，民族矛盾上升为主要矛盾，将日本帝国主义赶出中国是最主要的任务，毛泽东撰写了《论持久战》《为人民服务》《纪念白求恩》《愚公移山》等文章，在国民中进行爱国主义、国际主义和为人民服务、艰苦奋斗的思想教育。解放战争时期，我党工作重心开始由农村向城市转移，"打倒蒋介石，建立新中国"的任务提上日程。1945年4月党的六届七中全会通过了《党的若干历史问题的决议》，总结历史经验，统一了全党思想。同年，党的七大确立了毛泽东思想的指导地位。这一时期毛泽东发表了《〈共产党人〉发刊词》《新民主主义论》《在七届二中全会上的讲话》，对全党和全国人民进行党的统一战线理论、武装斗争理论、党的建设理论、农村包围城市武装夺取政权理论和新民主主义革命理论、路线、方针、政策的教育，即毛泽东思想的学习教育，为建立新中国奠定了坚实的思想理论基础。

二、社会主义革命和建设时期思政教育内容形成体系并曲折前行

1949 年中华人民共和国成立，中国进入社会主义革命和建设时期，党的工作重点转到经济建设上来，思想政治教育的内容也围绕激发人民群众的社会主义建设积极性展开。

1949—1956 年，围绕破除旧社会人们的封建思想残余这一任务，中国共产党在党内和全国人民中开展了以社会主义和马列主义为主要内容的学习和思想改造运动，并初步探索形成了以马克思主义哲学、政治经济学、中共党史为主要内容的社会主义思想政治教育体系。

1956—1966 年，社会主义改造基本完成，社会主义制度基本建立，我国开始进入全面建设社会主义时期。一方面，以爱国主义、社会主义为主要内容的思想政治教育，学习雷锋、焦裕禄、王进喜等英雄模范人物的活动，激发了各阶层人民建设社会主义的高度热情。大庆精神、"两弹一星"精神、"三个世界"划分的思想、反对霸权主义深入人心。另一方面党在指导思想上开始犯"左"倾错误，反右派斗争扩大化，又错误开展了反右倾运动，直至 1966—1976 年"文化大革命"，思想政治教育一度被"以阶级斗争为纲"的政治运动替代。

三、改革开放新时期思想政治教育内容拨乱反正科学发展

这个时期，在以邓小平同志为核心的党中央领导下，1981 年 6 月党的十一届六中全会通过了《关于建国以来党的若干历史问题的决议》，拨乱反正，从根本上重新确立了解放思想、实事求是的思想路线和马克思主义的指导地位。党中央明确提出，思想政治工作是一门专业、一门治党治国的科学。从 1984 年思想政治教育专业正式设置，开

始招收本科生，到后来陆续招收并培养硕士、博士研究生，实现了思想政治教育从经验发展到学科建设的历史性跨越。

邓小平分析社会主义本质，提出了社会主义初级阶段的理论和基本路线，解决了"什么是社会主义？怎样建设社会主义？"的问题。江泽民提出"三个代表"重要思想、胡锦涛提出科学发展观，解决了中国特色社会主义的领导和发展问题。邓小平理论、"三个代表"重要思想、科学发展观成为这一时期指导理论学习的主要内容。

1995年公布的《中华人民共和国教育法》明确规定了思想政治教育的内容："国家在受教育者中进行爱国主义、集体主义、社会主义的教育，进行理想、道德、纪律、法制、国防和民族团结的教育。"① 邓小平提出要树立中国特色社会主义的共同理想，以江泽民为核心的党的第三代领导集体主持制定了《公民道德建设实施纲要》、胡锦涛提出"八荣八耻"的社会主义荣辱观，党的十六大报告和十七大报告中提出，在思想政治教育中要注重人文关怀和心理疏导。学界将我国思想政治教育内容归纳为"四要素论"（思想教育、政治教育、道德教育、法制教育）和"五要素论"（思想教育、政治教育、道德教育、法治教育、心理教育）。

四、中国特色社会主义新时代思想政治教育内容全方位守正创新

2012年党的十八大召开，中国特色社会主义进入新时代。以习近平同志为核心的党中央高度重视精神文明建设、意识形态工作和思想政治工作，把思想政治教育上升为党的治国理政工作，系统回答了新时代坚持和发展什么样的思想政治教育、怎样坚持和发展思想政治教育的问题，为党在新时代继续推进和创新思想政治教育提供了根本遵循。中国思想政治教育进入开拓创新阶段。

---

① 中华人民共和国教育法 [N]. 人民日报, 1995-03-22（3）.

第二节　新时代高校思想政治教育
在内容方面的时代拓展

十八大以来，习近平在治国理实践中十分重视高校思想政治教育，他多次发表重要讲话、作出重要指示，对思想政治教育的内容进行了新拓展。2016 年，习近平特别指出：思想政治工作和思想政治教育要立德树人，必须不断地提高我们人民群众的思想水平、政治觉悟、道德品质、文化素养。① 十八大以来我国思想政治教育在内容方面的守正创新主要包括如下方面。

一、以习近平新时代中国特色社会主义思想为指导筑牢思想基础

以习近平新时代中国特色社会主义思想为指导筑牢思想基础，这是新时代高校思想政治教育内容在指导理论教育方面的新拓展。

用什么样的指导理论教育人，是思想政治教育的首要问题。用马克思主义理论和中国化时代化的马克思主义理论教育人民是我国思想政治教育的重要经验。中国共产党坚定认为马克思主义从来不是教条而是行动指南。因此，中国共产党自成立以来就自觉推动马克思主义中国化时代化的理论创新，使马克思主义始终具有强大的生命力和战斗力。十八大以来，习近平新时代中国特色社会主义思想，以宽广的理论视野、深厚的中国情怀、开放的世界胸怀，深入回答了"坚持和发展中国特色社会主义"的时代之问，为发展 21 世纪马克思主义作出了许多原创性贡献，成为新时代指引中国人民统一思想、凝聚共识、鼓舞斗志、团结

---

① 习近平在全国高校思想政治工作会议上强调：把思想政治工作贯穿教育教学全过程开创我国高等教育事业发展新局面 [N]. 人民日报 2016-12-09（01）.

奋斗，努力奋进的科学指南。坚持用习近平新时代中国特色社会主义思想武装全党、教育人民，"增进全国人民对习近平新时代中国特色社会主义思想的政治认同、思想认同、理论认同、情感认同"，是完成"巩固马克思主义在意识形态领域的指导地位、巩固全党全国人民团结奋斗的共同思想基础"这一"思想政治教育的根本任务"① 的必然要求，是我国思想政治教育内容在指导理论教育方面的创新拓展。

习近平总书记在党的二十大报告中强调，全党要把青年工作作为战略性工作来抓，用党的科学理论武装青年，用党的初心使命感召青年，必须坚持不懈用新时代中国特色社会主义思想铸魂育人。根据中共中央国务院、教育部等印发、颁布的《中国教育现代化 2035》《关于深化新时代学校思想政治理论课改革创新的若干意见》《新时代学校思想政治理论课改革创新实施方案》等文件精神，教育部要求各高校马克思主义学院成立习近平新时代中国特色社会主义思想概论教研室，将"习近平新时代中国特色社会主义思想概论"课设为公共必修课，旨在将该课程作为系统阐释习近平新时代中国特色社会主义思想科学体系、严密逻辑和丰富内涵的关键课程，并将该课程建设成为一项在青年大学生思想政治教育教学中的基础工程、灵魂工程、战略工程。

二、以实现"中国梦"为核心坚定理想信念

以实现"中国梦"为核心坚定理想信念，这是新时代高校思想政治教育内容在理想信念教育方面的新拓展。

习近平指出：理想信念是共产党人的精神上的"钙"，没有理想信念，理想信念不坚定，精神上就会"缺钙"，就会得"软骨病"。② 对于

---

① 中共中央国务院印发《关于新时代加强和改进思想政治工作的意见》[N]. 人民日报，2021-07-13 (11).
② 习近平. 紧紧围绕坚持和发展中国特色社会主义学习宣传贯彻党的十八大精神 [N]. 人民日报，2012-11-19 (2).

全国人民，他强调：中国梦是全国各族人民特别是青年一代应该牢固树立的共同理想和人生信念。① "中国梦"是习近平在和其他政治局常委们参观《复兴之路》展览的时候，在 2012 年的 11 月份提出来的。他指出：实现中华民族伟大复兴，就是中华民族近代以来的最伟大的梦想。此后，对于中国梦，他在国内讲话和国外访问过程中，多次进行过深刻阐述。以实现"中国梦"为核心来坚定理想信念，是习近平关于新时代思想政治教育的核心内容——理想信念教育方面的内容创新。习近平指出："中国梦的本质是国家富强、民族振兴、人民幸福。"② 国家富强是人民幸福的经济基础，是民族振兴的政治保障。国家梦、民族梦的实现为每个人的梦想提供了实现途径。这三者形成了一个整体，而这三者之间是相互联系的，具体而言就是：人民幸福是国家富强、民族振兴的根本出发点和落脚点。而国家富强、民族振兴又是人民幸福的归宿。"中国梦"这个梦想，表达了每一个中国人的愿望，体现了民族和人民的根本利益，是中华民族团结奋斗的共同目标。习近平指出："实现中国梦必须走中国道路、弘扬中国精神、凝聚中国力量。"这就是中国梦的实现途径。以实现"中国梦"为核心，来坚定理想信念，能激发巨大的精神力量。正如习近平强调的：人民有信仰，民族有希望，国家有力量。③ 我们抓好以实现"中国梦"为核心的理想信念教育，能为全国各族人民提供强大的精神力量，也能为世界和平作出应有贡献。

三、以社会主义核心价值观为引领凝聚价值理念

以社会主义核心价值观为引领凝聚价值理念，这是新时代高校思想

① 习近平. 在同各界优秀青年代表座谈时的讲话 [N]. 人民日报，2013-05-05 (2).
② 习近平接受拉美三国媒体联合书面采访 [N]. 人民日报，2013-06-01 (1).
③ 习近平在会见第四届全国文明城市、文明村镇、文明单位和未成年人思想道德建设工作先进代表时强调　人民有信仰民族有希望国家有力量锲而不舍抓社会主义精神文明建设　刘云山参加会见并在表彰大会上讲话 [N]. 人民日报，2015-03-01 (1).

政治教育内容在价值观教育方面的新拓展。

价值观作为一种社会意识，它对社会存在具有极其重大的反作用，也对人们的行为具有很重要的驱动、制约和导向作用。要实现中华民族伟大复兴，就必须以"社会主义核心价值观"为引领凝聚价值理念。党的十八大报告第一次明确提出要培育和践行社会主义核心价值观，即"倡导富强、民主、文明、和谐，倡导自由、平等、公正、法治，倡导爱国、敬业、诚信、友善，积极培育社会主义核心价值观"①。"国家层面"的社会主义核心价值观，是我们判断国家好坏的思维定式。我们认同"国家层面"的价值观就要把我们的祖国建设成富强、民主、文明、和谐的国家。在"社会层面"我们要培育自由、平等、公正、法治的社会。马克思、恩格斯在《共产党宣言》里宣告，与现存社会不同的是，社会主义和共产主义社会将是每个人的自由发展是一切人的自由发展的条件的联合体。社会主义和共产主义就是"自由人联合体"。②马克思主义的自由观，与实际上只保护少数精英的资本主义自由观完全不同，它是代表着整个人类利益的实质性的自由。"平等"无疑是社会主义最富魅力的价值观。马克思主义主张的平等是全方位的，所有阶层在政治、经济、社会等各个社会生活的领域的平等。"公正"既是人类社会文明进步的重要标志，也是社会主义本质的内在要求。正如习近平在十八届三中全会上指出的："全面深化改革必须着眼创造更加公平正义的社会环境。如果并没有创造更加公平和更加正义的社会环境，或者导致了更多的不公平和更多的不正义，那么改革就失去了意义，也是不

---

① 坚定不移沿着中国特色社会主义道路前进 为全面建成小康社会而奋斗 [N]. 人民日报，2012-11-09 (2).

② 中共中央马克思恩格斯列宁斯大林著作编译局. 马克思恩格斯选集：第 1 卷 [M].北京：人民出版社，1995：294.

可能持续的"①。"法治"就是依法进行国家和社会的治理。它与资本主义法治的本质区别在于资本主义社会的法律制度是资产阶级意志的集中体现，它主要保障的是资产阶级的利益；而社会主义的法律制度则是无产阶级和广大人民群众意志的集中体现，它能最大限度地保障人民的利益。社会主义社会在"个人层面"的价值诉求为爱国、敬业、诚信、友善。"爱国"是公民起码的道德。"敬业"是职业道德的核心。"诚信"是现代社会的通行证。"友善"是处理人与人、人与群体、人与社会、人与自然关系应该遵循的原则。社会主义核心价值观是我们判断一个国家、一个社会或某个人的是非曲直的价值取向和思维定式。这种思维定式是对真善美的追求，是一种唯物辩证的思维。社会主义核心价值观教育也是习近平新时代思想政治教育在思想教育方面的内容创新。

四、以坚定"四个自信"为重点提高政治觉悟

以坚定"四个自信"为重点提高政治觉悟，这是新时代高校思想政治教育内容在政治教育方面的新拓展。

习近平在 2019 年"不忘初心、牢记使命"主题教育活动中强调：开展这次主题教育，就是要不断增强'四个意识'、坚定'四个自信'、做到'两个维护'，筑牢信仰之基、补足精神之钙、把稳思想之舵。②全国人民只有坚定了"四个自信"，才能增强"四个意识"，做到"两个维护"。我们党"四个自信"理论的形成是一个不断深化拓展的过程。早在 2002 年党的十六大上，我们就第一次提出了"道路自信"，直到 2016 年 7 月 1 日，习近平在庆祝中国共产党成立 95 周年大会上，

---

① 习近平. 切实把思想统一到党的十八届三中全会精神上来［N］. 人民日报，2014-01-01（2）.

② 习近平. 在"不忘初心、牢记使命"主题教育工作会议上的讲话［J］. 求知，2019（08）：4-8.

第一次向全党明确提出了"四个自信",他强调"全党要坚定道路自信、理论自信、制度自信、文化自信"①。坚持道路自信就是要坚定走中国特色社会主义道路的自信。习近平指出:"中国特色社会主义这条道路来之不易,它是在改革开放 30 多年的伟大实践中走出来的,是在中华人民共和国成立 60 多年的持续探索中走出来的,是在对近代以来 170 多年中华民族发展历程的深刻总结中走出来的,是在对中华民族 5000 多年悠久文明的传承中走出来的。"② 坚定理论自信,就是要坚定对马克思和恩格斯所创立的理论及中国化时代化的马克思主义理论,即毛泽东思想、邓小平理论、"三个代表"重要思想、科学发展观和习近平新时代中国特色社会主义思想的科学性、真理性的自信。坚定制度自信,就是要坚定地相信:中国特色社会主义制度一定是比资本主义和其他制度要更加优越的制度。坚定文化自信,就是要坚定对中华民族优秀传统文化、中国革命文化和社会主义先进文化的自信。四个自信是一个有机整体。其中道路是实现途径,理论是行动指南,制度是根本保障,文化是精神力量,文化自信,是更基础、更广泛、更深厚的自信,是一个国家、一个民族发展中最基本、最深沉、最持久的力量。

以坚定四个自信为重点提高政治觉悟,一是要以共产主义理想和实现中国梦教育为核心,即必须结合理想信念教育开展政治教育。二是要以爱国主义教育为重点,与"四史"学习,特别是党史学习结合起来,引导人民旗帜鲜明反对历史虚无主义,继往开来走好新时代长征路。学习和传承以 32 字伟大建党精神为源头的中国共产党精神谱系,做到学史明理、学史增信、学史崇德、学史力行。三是要以服务人民为目标,明确我们党全心全意为人民服务的宗旨,引导人民把个人理想同国家发展、民族命运紧紧联系在一起。四是要以建设社会主义文化强国为抓

---

① 习近平. 在庆祝中国共产党成立 95 周年大会上的讲话 [N]. 人民日报,2016-07-02 (2).

② 中国梦是民族的梦,也是每个中国人的梦 [N]. 人民日报,2013-08-06 (7).

手，筑牢民族共识。文化影响着人们的思维方式、行为方式、生活方式，关系国家和社会发展的方方面面，是民族生存和发展的重要力量，具有强大的韧性和顽强的生命力。建设社会主义文化强国，增强文化自信，才能极大提升全社会的凝聚力和向心力，为新时代开创党和国家事业新局面提供坚强思想保证和强大精神力量。五是要从思想观念上增强"四个意识"，在行动上做到"两个维护"。"四个意识"即习近平在2016年1月29日的中共中央政治局会议上提出的"政治意识、大局意识、核心意识、看齐意识"①。"两个维护"，即坚决维护习近平总书记党中央的核心、全党的核心地位，坚决维护党中央权威和集中统一领导。

五、以"明大德"为基础培养道德品质

以"明大德"为基础培养道德品质，这是新时代高校思想政治教育内容在道德教育方面的新拓展。

习近平在2018年3月参加重庆代表团审议时对领导干部提出要求："立政德，就要明大德、守公德、严私德。"② 此后他又多次强调这一要求，并指出"国无德不兴，人无德不立"③。对人民群众而言，"明大德"就是要遵守以为人民服务为核心，以集体主义为原则，以爱祖国、爱人民、爱劳动、爱科学、爱社会主义为基本要求的社会主义公民道德。"守公德"就是要全面推进社会公德、职业道德建设。社会公德即

---

① 中共中央政治局召开会议审议《中央政治局常委会听取和研究全国人大常委会、国务院、全国政协、最高人民法院、最高人民检察院党组工作汇报和中央书记处工作报告的综合情况报告》中共中央总书记习近平主持会议［N］. 人民日报，2016-01-30（1）.

② 习近平李克强栗战书赵乐际分别参加全国人大会议一些代表团审议［N］. 人民日报，2018-03-11（11）.

③ 本报评论员. 为实现中国梦凝聚起强大精神力量［N］. 人民日报，2013-09-27（4）.

公共生活中的道德规范，每一个社会成员，都应遵守以文明礼貌、助人为乐、爱护公物、保护环境、遵纪守法为主要内容的社会公德。职业道德就是在职业生活中必须遵守的道德规范，即爱岗敬业、诚实守信、办事公道、服务群众、奉献社会。严私德，就是要严格约束自己的行为操守。对人民群众而言，"严私德"就是在私人层面培养家庭美德和优良个人品德。发扬家庭美德必须注重家教、家风，培养尊老爱幼、男女平等、夫妻和睦、勤俭持家、邻里团结为主要内容的家庭美德，树立正确的恋爱观和婚姻观。社会公德、职业道德和家庭美德建设，最终都要落实到个人品德的养成上。个人品德需要不断地通过学思并重、省察克治、慎独自律的道德修养加以提升。习近平强调："必须加强全社会的道德建设，激发人们形成善良的道德意愿、道德情感，培育正确的道德判断和道德责任，提高道德实践能力尤其是自觉践行能力。"①

六、以"建设社会主义法治国家"为统领提升法治素养

以"建设社会主义法治国家"为统领提升法治素养，这是新时代高校思想政治教育内容在法治教育方面的新拓展。

改革开放以来我党高度重视法治教育。1985 年 11 月全国人大常委会发布《关于在公民中基本普及法律常识的决议》，1986 年开始"一五"普法，由此以五年为一个周期的、面向全体公民的普法教育工程启动推行至今。十八大以来，全国第六、第七个五年法治宣传教育规划已顺利实施完成，中宣部、司法部又制定了第八个五年规划（2021—2025），指出："全民普法是全面依法治国的长期基础性工作"，必须"在习近平新时代中国特色社会主义思想特别是习近平法治思想的科学

---

① 习近平在山东考察时强调认真贯彻党的十八届三中全会精神　汇聚起全面深化改革的强大正能量［N］. 人民日报，2013-11-29（1）.

指引下"① 进行，突出学习宣传习近平法治思想、宪法、民法典，深入宣传与推动高质量发展和社会治理现代化密切相关的法律法规，加大党内法规的宣传。除了坚持开展全民普法教育外，从 2014 年起，将每年 12 月 4 日定为"国家宪法日"，国家通过多种形式在国民中开展宪法宣传教育活动。教育部还在中小学设置《道德与法律》、大学设置《思想道德修养与法律基础》（后改为《思想道德与法治》）必修课，开展法律知识、法治思维的教育。通过法治宣传教育，提升全党和全国人民的法治素养，形成全社会尊法学法守法用法的良好氛围，建设社会主义法治国家。

七、以培育人文素养为补充促进大学生全面发展

2018 年 5 月 2 日，习近平总书记在北京大学师生座谈会上说："我们的教育要培养德智体美全面发展的社会主义建设者和接班人。"② 要"真正做到以文化人、以德育人，不断提高学生思想水平、政治觉悟、道德品质、文化素养"③，缺失人文素养难言全面发展，人文素养主要是指一个人的文化素质和精神品格，它关乎一个人的世界观和人生观的形成，是精神家园的宿主，对人的心理机制、情感世界、意志能力、价值取向、审美体验、意识形态和理想模式都具有直接影响。新时代高校思想政治教育以培育人文素养为补充促进大学生全面发展，主要是加强了优秀传统文化教育、心理健康教育、美育与劳动教育。2018 年《中共教育部党组关于印发〈高等学校学生心理健康教育指导纲要〉的通知》（教党〔2018〕41 号）中指出：要"坚持育心与育德相统一，加

---

① 中共中央国务院转发《中央宣传部、司法部关于开展法治宣传教育的第八个五年规划（2021—2025）》[N]. 人民日报，2021-06-16（1）.
② 习近平总书记在北京大学师生座谈会上的讲话 [N]. 人民日报，2018-05-03（2）.
③ 习近平总书记在北京大学师生座谈会上的讲话 [N]. 人民日报，2018-05-03（2）.

强人文关怀和心理疏导，规范发展心理健康教育与咨询服务，更好地适应和满足学生心理健康教育服务需求，引导学生正确认识义和利、群和己、成和败、得和失，培育学生自尊自信、理性平和、积极向上的健康心态，促进学生心理健康素质与思想道德素质、科学文化素质协调发展"。2020 年中共中央、国务院发布《关于全面加强新时代大中小学劳动教育的意见》，要求充分认识新时代培养社会主义建设者和接班人对加强劳动教育的新要求，把劳动教育纳入人才培养全过程，贯通大中小学各学段，贯穿家庭、学校、社会各方面，与德育、智育、体育、美育相融合，紧密结合经济社会发展变化和学生生活实际，积极探索具有中国特色的劳动教育模式，促进学生形成正确的世界观、人生观、价值观。

第三节　新时代高校思想政治教育内容发展的突出特点

十八大以来，面临复杂多变的形势和立德树人的艰巨任务，我国思想政治教育内容进行了守正创新的全方位拓展，为逐步形成具有中国特色、中国风格和中国气派的思想政治教育内容体系做了卓有成效的工作，具有以下突出的特点。

一、把握方向，继承传统和开拓创新有机结合

将继承传统和开拓创新有机地结合起来即守正创新。继承使我国思想政治教育的光荣传统得到传承，创新使思想政治教育不断焕发出新的活力和旺盛的生命力。两个环节缺一不可。十八大以来我国思想政治教育内容拓展最大的特点，就是牢牢抓住了这两个环节。我国思想政治教育的光荣传统是党的宝贵财富，要永远继承代代守护。"领导我们事业

的核心力量是中国共产党，指导我们思想的理论基础是马克思列宁主义。"① 坚持共产党的领导，坚持马克思主义指导，学习党的路线方针政策，开展社会主义、共产主义理想信念教育和以为人民服务为核心以集体主义为原则的思想道德教育，一直是我国思想政治教育的主要内容。这是十八大以来我党一以贯之、始终坚持的教育内容。中国共产党在不同的历史时期中心工作和中心任务是不同的。思想政治教育内容也必须不断创新。随着中国特色社会主义进入新时代，思想政治教育内容必须适应国际国内形势的深刻变化，回应新时代人们不断变化的思想状况和立德树人的新要求。以习近平同志为核心的党中央通过党的十九大，十九届三、四、五中全会，特别是纪念马克思诞辰 200 周年，庆祝中华人民共和国成立 70 周年、中国共产党成立 100 周年，大张旗鼓地推进马克思主义理论学习，为中国共产党和中国人民"补钙"。提出实现中华民族伟大复兴的"中国梦"，进行形象化、接地气的理想信念教育；号召学习"四史"和中华优秀传统文化，进行坚定"四个自信"的政治教育；告诫"绿水青山就是金山银山"，补缺生态领域的道德教育；作出"四个全面"战略部署，普及社会主义法治国家建设的党纪国法教育等，都是对新时代我国思想政治教育内容的"守正创新"。

二、明确目的，国家目标和大学生期待有机结合

将国家目标和人民期待有机地结合起来即坚持党性与人民性相统一。我国思想政治教育内容是由思想政治教育的目的和任务决定的。思想政治教育的根本目的是提高人们的思想道德素质，促进人的自由全面发展，激励人们为建设中国特色社会主义，最终实现共产主义奋斗。新时代国家的目标是全面建成小康社会，为建设现代化国家奋斗，完成"两个一百年"的奋斗目标，实现中华民族伟大复兴。我国思想政治教

---

① 毛泽东．毛泽东文集：第 6 卷 [M]．北京：人民出版社，1999：350.

育内容的拓展特别注意坚持以人民为中心，把人民对美好生活的向往作为奋斗目标，聚民心、暖人心、筑同心，将国家目标和人民期待有机地结合起来。首先，将国家的发展目标和人民自我价值的实现结合起来。如在"中国梦"的教育中强调：我们比历史上任何时期都更接近实现中华民族伟大复兴的中国梦，中国梦归根到底是人民的梦，每个人都可以在实现中国梦的奋斗中实现个人的梦想。习近平指出："历史告诉我们，每个人的前途命运都与国家和民族的前途命运紧密相连。国家好，民族好，大家才会好。"① 将国家梦、民族梦与个人梦高度统一起来，就实现了新时代思想政治教育的社会目标与个人目标的紧密结合。将国家的发展要求和个人的全面发展结合起来。一方面，国家的稳定发展要求思想政治教育必须坚持社会主义意识形态教育。在社会主义意识形态教育中关照并尊重人民群众的发展需求和实际生活，让人民在受教育过程中深切地感受到社会主义意识形态与自身的发展密切相关，使每一个中国人都感到生活在中华人民共和国的骄傲和自豪。另一方面，思想政治教育要培养担当民族复兴大任的时代新人，要促进人的自由而全面发展。因此，十八大以来我国思想政治教育内容拓展将意识形态教育和人文素养教育有机地结合起来。习近平从全面发展、成长成才的辩证维度，对时代新人的核心素养提出了明确指向。2013 年，提出坚定理想信念、练就过硬本领、勇于创新创造、矢志艰苦奋斗、锤炼高尚品格等要求，鼓励广大青年在实现中华民族伟大复兴的中国梦的生动实践中放飞青春梦想。2014 年，要求广大青年勤学、修德、明辨、笃实，从现在做起、从自己做起，自觉践行社会主义核心价值观。2018 年，希望广大青年爱国、励志、求真、力行，不辱时代使命，不负人民期望。2019 年，提出树立远大理想、热爱伟大祖国、担当时代责任、勇于砥

① 习近平在参观《复兴之路》展览时强调　承前启后　继往开来　继续朝着中华民族伟大复兴目标奋勇前进 [N]. 人民日报，2012-11-30（1）.

砺奋斗、练就过硬本领、锤炼品德修为等要求。① 习近平特别强调，要"不断提升人民思想觉悟、道德水准、文明素养和全社会文明程度"②。社会发展了才能更好地促进人的发展，人民思想觉悟、道德水准、文明素养提高了，才能不断地推进社会的发展。

三、注重差异，先进性要求和广泛性要求有机结合

十八大以来我国思想政治教育内容的拓展注意到教育对象的差异性，有的放矢，有针对性地安排教育内容。根据不同群体、不同层次的教育对象的不同特点和不同要求，坚持先进性要求与广泛性要求有机地结合起来，区分了教育内容的层次性。首先，对党员、领导干部与人民群众有不同层次的要求。如在理想信念教育中，要求党员和领导干部必须牢固树立马克思主义的信念和共产主义的理想，要求人民群众为实现中华民族伟大复兴的中国梦而奋斗。在社会主义核心价值观的教育中要求党员和领导干部做学习和践行的模范，要求人民群众学习和认同并践行社会主义核心价值观。其次，对不同群体有不同内容的要求。如对高校、中小学、军队思想政治教育内容都以文件形式进行了不同内容的统一、硬性规定，而企业、农村的思想政治教育则采取因地制宜、形式多样的开展措施。这样安排思想政治教育的内容，加强了针对性，增强了吸引力。

四、增强实效，讲好中国故事和解决好大学生的实际问题有机结合

增强思想政治教育的实效性，必须贴近群众，贴近生活，贴近实

---

① 王树荫．人的彻底解放与全面发展：中国共产党百年思想政治教育的价值导向 [J]．马克思主义研究，2020（10）：95-107，168．
② 习近平在全国宣传思想工作会议上强调　举旗帜聚民心育新人兴文化展形象　更好完成新形势下宣传思想工作使命任务 [N]．人民日报，2018-08-23（1）．

际，使全体人民增强获得感。十八大以来我国思想政治教育内容的拓展注意了坚持"三贴近"，将讲好中国故事和解决好人民群众的实际问题有机结合起来。首先，坚持"三贴近"要讲好新时代的中国故事。如何让世人认识当代中国？如何让国人增强"四个自信"？习近平在党的十九大报告中指出"讲好中国故事，展现真实、立体、全面的中国，提高国家文化软实力"①，为思想政治教育内容拓展指明了努力方向。还要讲好中华优秀文化的故事，讲好中国共产党治国理政的故事，讲好中国人民奋斗圆梦的故事，讲好中国和平发展合作共赢的故事，等等。故事中有哲理、有文化、有味道，一个故事胜过一打道理，让思想政治教育的内容生动形象、通俗易懂，增强教育的实效性。其次，坚持"三贴近"要解决好人民群众的实际问题。结合新时代人民群众的思想实际，开展有针对性的思想政治教育，解决党员干部和人民群众的思想问题，解决大学生的实际问题。如十八大以来开展了"党的群众路线教育""两学一做""不忘初心、牢记使命""中共党史学习教育"等主题教育，以提高党员干部和人民群众的政治觉悟和思想水平。结合新时期人民群众的生活实际，在开展思想政治教育的同时，解决他们的实际困难，不断提升人民群众的生活水平，不断满足人民群众对美好生活的期待。人民群众会自觉地在分享改革开放带来的物质财富和精神财富的过程中，从内心实现对中国特色社会主义制度的认同，提高思想政治教育的实效性。同时思想政治教育的内容，把改革开放以来党在全面推进"幼有所育、学有所教、劳有所得、病有所医、老有所养、住有所居、弱有所扶"方面取得的成就展现出来，切实地让群众感受和认同中国共产党的"初心"和"使命"，坚定"四个自信"，为实现中华民族伟大复兴努力奋斗。

---

① 习近平. 决胜全面建成小康社会 夺取新时代中国特色社会主义伟大胜利：在中国共产党第十九次全国代表大会上的报告［N］. 人民日报，2017-10-19（1）.

第五章

发展路径：新时代高校思想政治教育发展质量提升的路径与保障

研究新时代高校思想政治教育发展质量提升的路径与保障，首先要了解中国共产党百年思想政治教育路径的历史演进，在把握新民主主义革命时期、社会主义革命和建设时期、改革开放新时期思想政治教育主要路径的基础上，探讨中国特色社会主义新时代高校思想政治教育路径与保障的发展与创新。

第一节　中国共产党百年思想政治教育路径的历史演进

新民主主义革命时期，党围绕救国大业探索思想政治教育的主要路径。社会主义革命和建设时期，党围绕建国大业发展思想政治教育的主要路径。改革开放新时期，党围绕强国大业改革思想政治教育的主要路径。中国特色社会主义新时代，党围绕强国大业创新思想政治教育的主要路径。

一、新民主主义革命时期思想政治教育的主要路径

新民主主义革命时期，党围绕救国大业探索思想政治教育的主要路径。这一时期党的思想政治教育服务于新民主主义革命反帝反封建的历

史目标，紧紧围绕救亡图存的革命斗争，在工人、农民、军队官兵、民主人士、党员干部等群体中进行。党的思想政治教育路径的探索始于五四运动和大革命时期，持续推进于土地革命战争时期，在抗日战争和解放战争时期逐渐走向成熟。

对工人阶级开展思想政治教育的路径探索始于五四运动。1920 年各地共产党早期组织成立前后，就开始了对工人阶级开展思想政治教育。其路径：一是通过创办刊物的形式在知识分子和劳工中传播和普及马克思主义理论。陈独秀、李大钊等主办《新青年》《劳动界》《工人月刊》等刊物，毛泽东主办《湘江评论》《新湖南》等刊物，成为马克思主义传播的有效媒介。二是开办工人夜校，通过识字教学和大众化的语言传播方式，开展思想政治教育。如李大钊、邓中夏在北京长辛店开办的工人夜校。三是主动走进工人中间，与工人们同吃同住同劳动，逐渐积累群众基础。如陈独秀、李大钊、毛泽东、刘少奇等深入工人家庭，在与工人们同住同行中，启发阶级觉悟，汇聚革命力量，掀起了1923 到 1924 年的工人运动高潮。

对农民阶级开展思想政治教育的路径探索始于大革命时期。中国是一个农业国，农民占人口的大多数，不发动农民参加革命，救国大业无法完成。大革命时期，中国共产党在集中力量领导工人运动的同时，不少地方党组织的领导人如彭湃、毛泽东等，开始深入农村地区团结农民群众面向农民群众开展思想政治教育。一是成立农民组织开展思想政治教育。紧密结合农村实际，围绕农民群众的实际困境和现实需求，领导成立不同形式的农民组织，如浙江萧山衙前村建立起的第一个农民大会，海丰、陆丰等地建立起的农会，湖南衡山县成立的岳北农工会等。二是开办农民夜校、识字班，在识字记账学习中开展思想政治教育。如毛泽东、杨开慧在韶山开办的农民夜校。三是开办农民运动讲习所，培养农民运动骨干。广州农运讲习所、湖南农运讲习所培养了一大批农运骨干。四是借助标语、图画、演讲等形式传播马克思主义，对农民进行思想政治教育。

党在军队中开展思政工作始于 1924 年国共合作时成立的培养革命队伍领导干部的黄埔军校。对军队官兵开展思想政治教育的路径探索：一是通过黄埔军校政治部开展思想政治教育。周恩来在出任黄埔军校第三任政治部主任期间，建立起一套军队政治工作制度，主要体现在教学大纲和实践教育两个方面，以培养军队学员的爱国思想，大大激发了学员的革命斗志。二是建立党组织开展思想政治教育。中共特别支部在黄埔军校的建立，为党团结和发展了一批有志师生。土地革命战争时期，通过"支部建在连上"加强思想政治教育。"三湾改编"确立了"党的支部建在连上"的基本工作思路，连上建党支部，班、排建党小组，大大增强了军队的战斗力。三是开展"诉苦""三查"进行思想政治教育。抗日战争和解放战争时期，为团结根据地和解放区的广大民众，激发广大参军贫困农民的政治觉悟，党在部队开展以"诉苦""三查"（查阶级、工作、斗志）为主要内容的新式整军运动，迅速提高了战士们的政治觉悟，极大增强了军队的战斗力。四是组织战地宣传队，开展思想政治教育。利用行军打仗的间隙时间，通过军队文艺宣传队表演歌舞、诗歌快板、短剧等文艺节目，激发战士们的革命斗志。

对民主人士开展思想政治教育的路径探索。建立广泛的统一战线是中国革命的三大法宝之一，因此，新民主主义革命时期党十分重视对民主人士开展思想政治教育。其路径：一是通过个人书信或和诗和词宣传党的思想、政策。二是通过召开座谈会进行沟通交流宣传党的思想、政策，等。

对党员干部开展思想政治教育的路径探索。对党员干部开展思想政治教育直接关系到党员能否发挥先锋模范作用、党的基层组织能否保持先进性和纯洁性发挥战斗堡垒作用、党的中央领导能否发挥坚强的领导核心作用。新民主主义革命时期党非常重视党员干部的思想政治教育，对党员干部的思想政治教育路径更接近对社会精英的思想政治教育路径，这里进行重点梳理。

一是以大众传媒作为党员干部思想政治教育的宣传载体。创办党报党刊，开展马克思主义理论学习、宣传与教育。如上海共产党早期组织创办的机关理论刊物《新青年》与秘密机关刊物《共产党》月刊、武汉早期党组织创办的机关刊物《武汉星期评论》、广州早期党组织创办的机关报《群报》。党的一大通过的《决议》对出版党的报刊作了原则性的规定，即党的每个地方组织均有权出版地方通报、日报、周刊、传单和通告，党的一切出版物"均受中央执行委员会或临时中央执行委员会的监督"。① 党的四大要求中央编译委员会集中力量办好以《向导》《新青年》月刊、《中国工人》《党报》（秘密党刊）为代表的党报党刊。《布尔塞维克》是土地革命战争时期中共中央创办的第一份理论机关报（1927—1932），《党的生活》是中共中央委员会主办的党内讨论刊物（1929），《红旗》是土地革命战争时期中国共产党创办的又一中央政治机关报刊（1928—1934）。中央革命根据地还出版了《红色中华》《红星报》等。党在国民党统治区也出版了《中国青年》《中国工人》等。《解放日报》是抗日革命根据地创办的第一份铅印对开大型日报，也是抗日战争时期直到解放战争初期革命根据地最重要的报纸。解放战争时期还出版了《人民日报》作为中国共产党中央委员会机关报。②

二是以党校教育作为党员干部思想政治教育的重要阵地。从第一所党校——安源党校的建立，再到中共中央党校的成立，逐步形成了以中共中央党校为核心，地方各级党校全面建设的多层级、多规格、正规化的党校教育培训体系，开启了中国共产党党校教育的历程。党校教育成

---

① 中央档案馆编. 中国共产党第一次全国代表大会档案资料［M］. 北京：人民出版社，1982：3.

② 中央档案馆编. 中共中央文件选集：第 1 册［M］. 北京：中共中央党校出版社，1989：151-378.

为党员思想政治教育的主渠道和主阵地。在党的创建初期，先后创办了工人业余学校、湖南自修大学、上海大学等学习机构，为党校诞生奠定了坚实基础。1925年党的四大通过的《对于宣传工作之决议案》提出"有设立党校有系统地教育党员或各校临时讲演讨论会增进相互间对于主义的深切认识之必要"①，强调要以创办党校的方式加强党员的马克思主义教育。随后陆续建立了北京高级党校、上海党校、广东党校、武昌高级党校。土地革命战争时期，中国共产党创办了一所"马克思共产主义大学"（亦称中央党校），直属苏区中央局，首任校长为任弼时，后由董必武接任。1935年，红军抵达瓦窑堡后正式定名为中共中央党校。抗日战争时期是党校教育的黄金期。1937年，中共中央党校迁至延安，创建了以中共中央党校和马克思列宁学院为核心的党校教育体系，开启了党校教育的规模化和制度化的建设时代。1948年7月，中共中央作出《关于开办马列学院的决定》，决定由中央直接创办高级党校，名为马列学院，由刘少奇任院长，陈伯达任副院长。《决定》还明确规定了学员的任务是有系统地培养具有理论的党的领导干部和宣传干部，所收学员须有五年以上实际工作经验，政治可靠，具有较高的理论素养和文化水平。学员一般均需考试入学，学制暂定为一年半，分三个学期，教育内容是第一学期开设中外史地的普通常识，第二学期开设马列主义三个组成部分，第三学期开设毛泽东思想和中共党史。后来，马列学院随中央迁入北京，改名为中共中央党校。

三是以整党整风为主要方式开展党员干部的马克思主义与思想政治教育。整党整风是党探索的行之有效的党员干部大规模、集中开展思想政治教育的路径。如大革命失败后的"九月洗党"、抗日战争时期的"延安整风"、解放战争时期的"三查三整"运动。大革命失败后党组

---

① 中央档案馆编. 中共中央文件选集：第1册［M］. 北京：中共中央党校出版社，1989：377.

织遭到严重破坏，井冈山根据地建立初期，党员数量已寥寥无几，迅速恢复壮大党组织和发展党员成为首要的迫切任务。但隐患也随之而来，一些投机分子趁机混入党内，在"八月失败"后纷纷反水使党组织遭受严重损失。边界特委果断决定"九月以后，厉行洗党"。这是我党在没有任何经验可供借鉴的情况下进行整党运动的最早探索，其实质是在组织上对党的内部进行清洗改造，重新确立党员名册，对"洗党"后留下的党员进行严格的思想政治教育并强化党的纪律。"九月洗党"开拓了党员干部大规模思想政治教育的特殊途径。通过这次洗党，清除了党内的革命意志不坚定者，铲除了阶级异己分子和投机分子，为加强党员的思想政治教育、保持党组织的纯洁性，大幅度提高党的战斗力和凝聚力，为后来历次的整党整风运动提供了宝贵的经验和启示。抗日战争时期的延安整风运动是全党范围内系统的马克思列宁主义的自我教育活动。为保证整风运动的顺利开展并取得良好实效，中央规定了明确的教育主题，设定有序的教育阶段，并加强有力的组织领导，专门指定了教育内容。整风运动自上而下展开，以学习马列经典著作和中央文件为基本内容，以开展自我批评和自我教育为主要形式，以提高全党的思想理论水平和解决实际问题的能力为根本目的。为加强对整风运动的领导，还把延安地区的整风分为五个系统。中央成立总学习委员会，毛泽东亲自主持，延安各机关、学校干部又分设高级干部中心学习组、中级学习组、普通学习组，各学习组又有不同的要求和方法。这一整风运动丰富和发展了党内思想政治教育的运行机制。解放战争时期，为了保证解放区土地革命的顺利进行，解决党内思想、组织不纯和官僚主义等问题，中国共产党开展了以"三查三整"为主要内容的整党运动，其基本方针是开展批评与自我批评，以说服教育为主，惩前毖后，治病救人。基本内容是通过开展三查（查阶级、查思想、查作风）三整（整顿组织、整顿思想、整顿作风），实行"思想打通、组织整顿、纪律制裁"，消除思想不纯、成分不纯、作风不纯的现象。这是我党发展史上又一次大规模的马克思主义教育实践活动，推动了人民解放战争的胜利发展。

四是以加强支部建设、创办培训班研究会等形式为开展思想政治教育的日常方式。支部作为党最基层的组织，是党不断发展的基础和力量增长的源泉，是党内政治生活的重要依托，是党对广大党员进行经常性思想政治教育的重要场域，新民主主义革命时期，党中央极其重视对支部的建设与发展。1921 年，党的一大党纲中就明确规定："凡有党员五人以上的地方，应成立委员会"①，即支部。1929 年 6 月，中共中央颁布的《宣传工作决议案》中，明确指出："支部的政治教育工作，是党内教育工作的主要部分，党必须利用支部在生活与工作中所感觉的一切问题，以加紧支部的政治教育。"② 1933 年 8 月，中央组织局专门就健全地方支部生活下发的《给苏区各级党部的指示信》中明确指出：支部的一个基本任务就是教育党员训练干部的工作，强调必须要有经常的支部教育，规定支部每隔一日阅读党的文件，每七日召集小组会一次，支部每半个月召集全体大会。党在革命实践中还采用了创办党员培训班定期轮流培训和建立马克思主义研究会定期学习研究讨论等形式开展日常的思想政治教育。

五是探索出一系列切实可行的党员干部思想政治教育方法。新民主主义革命时期，中国共产党十分重视对党员思想政治教育方法的研究，并在不断的革命实践中对其进行日益深化和创新，最终探索出一系列适合中国革命发展、切实可行而又符合思想政治教育规律的教育方法，比较具有代表性的包括理论教育法、典型教育法、自我教育法和实践教育法，有效地促进了党员思想政治教育工作的全面推进。

---

① 中央档案馆编.中共中央文件选集：第 1 册［M］.北京：中共中央党校出版社，1989：4.
② 中央档案馆编.中共中央文件选集：第 4 册［M］.北京：中共中央党校出版社，1989：257.

二、社会主义革命和建设时期高校思想政治教育的主要路径

社会主义革命和建设时期，党围绕建国大业发展高校思想政治教育的主要路径。新中国成立后党和国家接管了国民党统治时期的各高校，并对其进行改组，吸取新民主主义革命时期党主办高等学校（陕北公学、抗日军政大学等）办学经验，探索高校思想政治教育路径，为建国大业培养人才。

一是党和国家制定和下发高校思想政治教育政策文件，以指导高校思想政治教育。新中国成立初期，党主要是通过借鉴苏联教育经验并吸收老解放区教育经验和传统教育经验对高等教育进行管理和建设。正如1950年第一次全国教育工作会议指出"以老解放区新教育经验为基础，吸收旧教育有用经验，借助苏联经验，建设新民主主义教育"①。1952年教育部发出《关于全国高等学校马克思列宁主义、毛泽东思想课程的指示》，1953年、1956年也两次下文规范高校政治课。1958年9月，中共中央、国务院发布了《关于教育工作的指示》，提出了"教育为无产阶级的政治服务，教育与生产劳动相结合"的教育方针。1961年9月，经中共中央批准试行《教育部直属高等学校暂行工作条例（草案）》（简称"高教六十条"）。"高教六十条"对高等学校政治思想教育的任务、内容、原则和方法，包括思想政治理论课程的教学安排都作了明确规定。1964年10月，中宣部、高教部党组、教育部临时党组联合组织召开新中国成立以来的一次规模最大、级别最高的全国政治理论工作会议，会议起草了《关于改进高等学校、中等学校政治理论课的意见》，等。

二是通过高校思想政治理论课进行大学生思想政治教育。1950年教育部拟订了高校"社会发展史"和"新民主主义论"两门课的教学

---

① 在第一次全国教育工作会议上的总结报告要点 [N]. 人民日报, 1950-01-06 (1).

重点。1952 年教育部发文，将原有的"社会发展史""新民主主义论"
两门课程改为"新民主主义论""政治经济学""辩证唯物论与历史唯
物论"，并规定了课程门数、学时、讲授的次序等。1953 年高等教育部
发文将"新民主主义论"改为"中国革命史"，并提出了课程应该讲授
的重点和要求。1956 年高等教育部发布《关于高等学校政治理论课程
的规定（试行方案）》，将政治理论课程明确为"马列主义基础""中
国革命史""政治经济学"及"辩证唯物主义和历史唯物主义"四门课
程。1957 年 12 月，高教部、教育部发出《关于在全国高等学校开设社
会主义教育课程的指示》，要求停开原来的四门政治理论课程，开设
"社会主义教育"课程，实质上是阶级斗争教育。1964 年中央宣传部、
高教部党组、教育部临时党组关于改进高等学校、中等学校政治理论课
的意见中指出，今后高等学校公共政治理论课设置"中共党史""哲
学""政治经济学"。但"文化大革命"时期，高校教学基本处于瘫痪
状态，学校以往开展的思想政治教育也不复存在了。

三是通过学习先进人物对大学生进行思想政治教育。1963 年 3 月 5
日，毛泽东发出"向雷锋同志学习"的号召，高校首先响应，在学校
广泛开展了学雷锋、树新风、创三好（身体好、学习好、工作好）活
动。通过多种形式的学习宣传活动，雷锋的光辉形象在大学生的心灵深
处扎下了根，形成了人人学雷锋，人人争着为同学、为社会、为人民做
好事的良好风尚。20 世纪 60 年代，先后开展了以学习欧阳海、焦裕
禄、王进喜为代表的一批英雄模范人物的活动。通过这些活动，关心集
体、热爱劳动、助人为乐、艰苦奋斗、勤俭建国的共产主义思想和道德
情操在高校大学生中得到发扬光大。

三、改革开放新时期高校思想政治教育的主要路径

改革开放新时期，党围绕富国大业改革高校思想政治教育的主要路

径。十一届三中全会以后，党和国家停止了"阶级斗争为纲"的"左"倾路线，高校思想政治教育获得了新的生长空间。1980 年教育部、共青团中央印发的《关于加强高等学校学生思想政治工作的意见》指出，学校的思想政治工作必须紧密结合为"四化"培养人才这个中心来进行。这一时期改革高校思想政治教育的主要路径如下。

一是开展思想政治教育学科建设，使高校思想政治教育科学化规范化。1981 年教育部召开全国学校思想政治教育工作会议，会议宣布：对学生进行思想政治教育是一门科学，并号召广大教育工作者认真总结经验、探索规律，逐步把这门科学建立起来。1987 年中共中央发布《关于改进和加强高等学校思想政治工作的决定》，再次确认："思想政治教育是一门以马克思主义理论为基础，综合性和实践性都比较强的科学。"① 高校思想政治教育的科学化推动了思想政治教育研究的学科化发展。

二是加强高校思想政治教育的队伍建设。1981 年 9 月，教育部部长蒋南翔强调："加强学校的思想政治教育，必须建立一支精干的、稳定的政治工作队伍。思想政治教育也是一门科学，应当不断积累和总结经验，探索客观规律，因此需要根据各级学校的不同情况，设立必要的专职人员从事这方面的工作。"②

三是进行思想政治理论课改革。1982 年教育部发出的《关于在高等学校逐步开设共产主义思想品德课的若干规定》正式确认了思想品德课程的地位。在恢复马列主义哲学、政治经济学等政治理论课基础上，创设了思想品德课程，"两课"雏形宣告形成。1986 年 9 月国家教育委员会发布《关于在高等学校开设"法律基础课"的通知》，按照中

---

① 教育部社会科学司组编. 普通高校思想政治理论课文献选编 [M]. 北京：中国人民大学出版社，2008：126.
② 何东昌. 中华人民共和国重要教育文献（1976—1990）[M]. 海口：海南出版社，1998：1975-1976.

央和全国人大常委会在全民普及法律常识的要求，在全国各大学开设法律基础课。1987 年 10 月，国家教育委员会《关于高等学校思想教育课程建设的意见》，规定设置《形势与政策》《法律基础》两门为思想教育课必修课程。1995 年《中国普通高等学校德育大纲》（简称《大纲》）规定"马克思主义理论课和思想品德课"是思想政治教育的首要途径，是"主渠道和基本环节"，并要求把"两课"作为重点课程来建设。以此为基础，对课程体系进行重大调整，形成了"98 方案"。2005 年，根据《中共中央宣传部、教育部关于进一步加强和改进高等学校思想政治理论课的意见》，形成了思想政治教育课程体系改革的"05 方案"。之后，又将培养大学生健康的心理素质纳入思想政治教育的重要内容。

四是广泛组织高等学校学生参加社会实践。1983 年团中央、全国学联发出《关于纪念"一二·九"运动四十八周年开展"社会实践周"活动的通知》，第一次提出了"大学生社会实践活动"的概念。[①] 1987年 6 月 27 日，国家教委、团中央联合发出了《关于广泛组织高等学校学生参加社会实践的意见》，1995 年团中央、中宣部、国家教委等部门联合发出通知，要求连续开展中国大中学生志愿者扫盲与科技文化服务活动，1997 年，团中央、中宣部、国家教委、全国学联发出《关于开展中国大中学生志愿者暑期文化科技卫生"三下乡"活动的通知》。社会实践由最初定的社会调查等方式逐步发展形成了社会调查、咨询服务、义务劳动、勤工助学、挂职锻炼、教学实践、专业实习、军政训练、志愿者活动等多种形式。大学生社会实践活动作为高校思想教育的一种有效形式，大大促进了大学生认识社会、服务社会、健康成长。

五是开始加强网络思想政治工作。教育部于 2009 年 9 月发布了

---

① 薛晓萍，王辉，潘立勇. 建国以来高校思想政治教育的发展轨迹 [J]. 河北科技大学学报（社会科学版），2007（4）：95-101.

《关于加强高等学校思想政治教育进网络工作的若干意见》，在教育部以及各省市教育主管部门的指引下，2001 年全年就有 250 多所高校建立了高校思想政治教育网站，其中不乏高校党建团建类网站、思想政治理论主题网站等，其中比较著名的有天津大学建立的"天外天"以及南开大学建立的"觉悟网"，等。

六是整体规划高校德育工作体系。1995 年国家教委正式颁布实施《大纲》，《大纲》明确规定了德育目标、德育内容、德育原则、德育途径、德育考评和德育实施等具体的实施细则。2004 年 8 月，中共中央、国务院制定和下发《关于进一步加强和改进大学生思想政治教育的意见》（简称"十六号文件"）。整体规划高校德育的工作体系，使高校思想政治教育的开展有章可循。

四、中国特色社会主义新时代高校思想政治教育的主要路径

中国特色社会主义新时代，党围绕强国大业创新高校思想政治教育的主要路径。主要表现在路径发展和保障机制方面的时代拓展。详见下文。

第二节　新时代高校思想政治教育
在路径发展方面的时代拓展

新时代高校思想政治教育在路径发展方面既继承了新民主主义革命时期、社会主义革命与建设时期、改革开放新时期的有效经验，又根据新时代国内主要矛盾的变化、国际百年未有之大变局以及信息技术的飞速发展的时代特点进行了拓展创新。主要表现在以下方面。

一、学术研究与学科建设引领

习近平总书记指出，做好高校思想政治工作，要因事而化、因时而进、因势而新。要做到这三点，高校思想政治教育必须与时俱进，在世界新变局、国内新形势、社会新变革的新时代，把握和遵循思想政治工作规律，满足学生成长发展需求和期待，增强思想政治教育科学性实效性。因此高校思想政治教育必须以学术研究与学科建设引领。

在思想政治教育的学术研究方面，要坚持马克思主义的唯物史观，坚持正确的立场、观点、方法，探索新时代思想政治教育创新发展的基本理论和方式方法；要研究思想政治工作新的定位，即极端重要的功能定位、工具目的的内容定位、协同育人的机制定位、质量导向的评价标准定位；要转变思想政治教育者的思维方式，探寻话语体系创新，推进课程改革，实现实践创新；要突破理论创新与实践创新对立或分离的局限，实现学科理论创新与实践创新的协调发展，等等。

学术研究的进展有赖于学科建设的发展。早在 2005 年中宣部、教育部启动高校思想政治理论课程新方案（即"05 方案"）后，国务院学位委员会、教育部就作出了增设马克思主义理论一级学科的重大决定。马克思主义理论一级学科的设立，本身就体现着国家的意志，是国家意识形态工作的需要。它的直接目的是向高校思想政治理论课教学提供学科支撑，以提高大学生思想政治教育的实效性。[①] 2012 年，国务院学位委员会发出《关于进一步加强高校马克思主义理论学科建设的意见》，指出：马克思主义理论学科是对马克思主义进行整体性研究的学科，是马克思主义学科体系的重要组成部分。新形势下深入推进马克思主义理论学科建设，需要进一步提升学科建设质量，凝练学科研究方

---

① 蒋旭东. 马克思主义理论学科建设的重点要求：访全国高校马克思主义理论学科研究会会长靳诺教授 [J]. 马克思主义理论学科研究, 2015（1）：4-10.

向、优化人才培养方案、提高学科队伍素质、完善机构设置，促进学科规范化、制度化建设。并提出了马克思主义学科建设的原则，即把为党的思想理论建设和为高校思想政治理论课教育教学服务作为学科建设的基本任务。遵循学科建设规律、马克思主义理论发展规律和思想政治理论课教育教学规律。注重马克思主义理论整体性研究，加强马克思主义各主要组成部分内在关系的研究和把握，加强马克思列宁主义、毛泽东思想和中国特色社会主义理论体系内在关系的研究和把握。以思想理论建设和思想政治理论课教育教学需求促进学科建设，以学科建设的成果服务思想理论建设和支撑思想政治理论课教育教学，使二者相互促进、共同提高。① 2015 年中共中央办公厅、国务院办公厅颁发的《关于加强和改进新形势下高校宣传思想工作的意见》，提出要提升马克思主义理论学科的引领作用，实施马克思主义理论学科领航计划。中央宣传部、教育部印发的《普通高校思想政治理论课建设体系创新计划》也把努力建强马克思主义理论学科，作为高校思想政治理论课建设体系创新计划的一项重点建设内容。全国高校马克思主义理论学科研究会会长靳诺认为：高校要重视马克思主义理论学科建设，使之成为学习研究宣传马克思主义的坚强阵地，发挥立德树人领航作用，推动中国特色社会主义理论体系进教材进课堂进头脑，必须围绕教育的根本任务、教材建设、课程建设、队伍建设等方面切实加强马克思主义理论学科建设。②

为了使学术研究与学科建设引领落地，教育部狠抓高校马克思主义学院的建设。在 2017 年本的基础上，教育部于 2019 年 4 月印发了《高等学校马克思主义学院建设标准（2019 年本）》，明确规定：马克思主义学院是马克思主义理论学科的依托机构，要严格依据国务院学位委员

---

① 国务院学位委员会 . 关于进一步加强高校马克思主义理论学科建设的意见学位〔2012〕17 号 [EB/OL]. 教育部政府门户网络，2012-06-06.

② 本刊记者，靳诺. 立足新发展阶段，推进马克思主义理论学科高质量发展——访中国人民大学党委书记靳诺教授 [J]. 马克思主义研究，2021 (4)：7-17, 46.

会发布的《授予博士、硕士学位和培养研究生的学科、专业目录》以及二级学科设置相关规定，设置马克思主义理论学科所属二级学科。明确二级学科带头人，发挥学科带头人在学科建设中的作用，凝练学科研究方向，学科研究成果符合马克思主义理论学科内涵和规范。要紧紧围绕马克思主义理论一级学科及其所属二级学科开展科研，从整体上研究马克思主义基本原理和科学体系，深入研究马克思列宁主义、毛泽东思想、邓小平理论、"三个代表"重要思想、科学发展观、习近平新时代中国特色社会主义思想，并深入研究回答时代和实践提出的新的重大课题。2015 年到 2019 年先后开展了全国重点马克思主义学院建设的评选。2016 年第一批全国重点马克思主义学院有北京大学、清华大学、中国人民大学等 9 所高校。2017 年第二批全国重点马克思主义学院有包括北京师范大学、大连理工大学、东北师范大学在内的 12 所高校的马克思主义学院入选。2019 年第三批全国重点马克思主义学院有包括首都师范大学、天津师范大学在内的 16 所高校的马克思主义学院入选。

二、思政课程与课程思政同行

2016 年 12 月，习近平在全国高校思想政治工作会议上发表重要讲话中指出：高校思想政治工作关系高校培养什么样的人、如何培养人以及为谁培养人这个根本问题。要坚持把立德树人作为中心环节，把思想政治工作贯穿教育教学全过程，实现全程育人、全方位育人，努力开创我国高等教育事业发展新局面。"要用好课堂教学这个主渠道，思想政治理论课要坚持在改进中加强，提升思想政治教育亲和力和针对性，满足学生成长发展需求和期待，其他各门课都要守好一段渠、种好责任田，使各类课程与思想政治理论课同向同行，形成协同效应。"①

---

① 习近平在全国高校思想政治工作会议上强调　把思想政治工作贯穿教育教学全过程　开创我国高等教育事业发展新局面 [N]. 人民日报，2016-12-09（1）.

　　首先，思想政治理论课要坚持在改进中加强。十八大以来，高校思想政治理论课在"05方案"基础上不断完善。各高校都要按照本、专科生思想政治理论课"05方案"，研究生思想政治理论课"10方案"，以及《教育部关于加强新时代高校"形势与政策"课建设的若干意见》开设课程，在坚定理想信念、厚植爱国主义情怀、加强品德修养、增长知识见识、培养奋斗精神、增强综合素质上下功夫。

　　2019年3月18日，习近平主持召开了学校思想政治理论课教师座谈会，他指出："建立党委统一领导、党政齐抓共管、有关部门各负其责、全社会协同配合的工作格局，推动形成全党全社会努力办好思政课、教师认真讲好思政课、学生积极学好思政课的良好氛围。"他强调，"推动思想政治理论课改革创新，要不断增强思政课的思想性、理论性和亲和力、针对性"。① 还提出，坚持政治性和学理性相统一，坚持价值性和知识性相统一，坚持建设性和批判性相统一，坚持理论性和实践性相统一，坚持统一性和多样性相统一，坚持主导性和主体性相统一，坚持灌输性和启发性相统一，坚持显性教育和隐性教育相统一。这"八个相统一"体现了教育教学规律、学术研究规律、学生成才成长规律以及意识形态宣传教育规律的有机统一。还对思想政治理论课教师提出了政治要强、情怀要深、思维要新、视野要广、自律要严、人格要正的六项要求。② 这就系统阐述回答了新时代思政课改革"往哪改、改什么、怎样改"的问题。

　　同时中宣部、教育部于2015年10月联合印发的《普通高校思想政

---

① 习近平主持召开学校思想政治理论课教师座谈会强调　用新时代中国特色社会主义思想铸魂育人　贯彻党的教育方针落实立德树人根本任务［N］. 人民日报，2019-03-19（1）.

② 习近平主持召开学校思想政治理论课教师座谈会强调　用新时代中国特色社会主义思想铸魂育人　贯彻党的教育方针落实立德树人根本任务［N］. 人民日报，2019-03-19（1）.

治理论课建设体系创新计划》，对高校思想政治理论课建设体系创新提出了一系列具体要求。如要建设精彩教案、精彩课件、精彩课程资源库，实现优质教学资源共建共享。要注重改进教学模式，提倡专题教学，注重从理论和实践、历史和现实、国际和国内的结合上回答学生关心的热点难点问题，培育推广形式多样、效果良好、受学生欢迎的教学方法。要有完备的教学内容和教学质量监测管理制度，等。

而新时代高校思政课教学方法改革和发展的启动始于高校思政课教学方法改革项目"择优推广计划"的实施。2013 年 6 月，教育部社科司印发《高校思想政治理论课教学方法改革项目"择优推广计划"实施方案》的通知，决定遴选和培育 100 项教学方法新、教学效果好、受学生欢迎的优秀思想政治理论课教学方法改革项目。这开启了新时代高校思政课教学方法创新发展的序幕。经过 2014 年、2015 年两轮高校思政课教学方法改革"择优推广计划"项目评选，共有入选项目 40 项和培育项目 60 项。这些项目既包含整体综合的课程教学模式，也包含单一具体的教学方法；既包含课堂教学方法，也包含课外教学、教学实践方法；既包含实体课堂教学方法，也包含网络虚拟课堂教学方法、混合式教学方法等。其中入选的具体教学方法十分丰富，如研究型、问题中心式、互动式、参与式、讨论式、对话式、分类教学、项目教学、案例教学、情景教学、叙事教学、专题教学、实践教学、体验式教学、微课、微电影、翻转教学、混合教学、虚拟仿真等近 20 种教学方法，这些教学方法丰富了高校思政课教学方法的内涵，增加了教学方法的新形态。高校思政课教学方法改革"择优推广计划"项目的实施，调动了高校思政课教学改革的积极性和主动性，激活了思政课教学的活力，形成了丰富多样的教学方法体系，极大地推动了高校思政课教学方法改革和创新。

其次，要重视课程思政立德树人的效果。高校要实现立德树人的根本任务，不仅要发挥思政课程主渠道的作用，而且还要重视课程思政的

"润物细无声"效果，只有构建思政课程与课程思政同向同行的协同育人体系，才能真正实现全员、全程、全方位育人的"三全育人"格局。2020年5月教育部印发《高等学校课程思政建设指导纲要》，指出：全面推进课程思政建设是落实立德树人根本任务的战略举措，是全面提高人才培养质量的重要任务。课程思政建设工作要围绕全面提高人才培养能力这个核心点，在全国所有高校、所有学科专业全面推进，促使课程思政的理念形成广泛共识，广大教师开展课程思政建设的意识和能力全面提升，协同推进课程思政建设的体制机制基本健全，高校立德树人成效进一步提高。课程思政建设内容要紧紧围绕坚定学生理想信念，以爱党、爱国、爱社会主义、爱人民、爱集体为主线，围绕政治认同、家国情怀、文化素养、宪法法治意识、道德修养等重点优化课程思政内容供给，系统进行中国特色社会主义和中国梦教育、社会主义核心价值观教育、法治教育、劳动教育、心理健康教育、中华优秀传统文化教育。并要求结合专业特点分类推进课程思政建设。同时强调，高校课程思政要融入课堂教学建设，作为课程设置、教学大纲核准和教案评价的重要内容，落实到课程目标设计、教学大纲修订、教材编审选用、教案课件编写各方面，贯穿于课堂授课、教学研讨、实验实训、作业论文各环节。

2011年，教育部在2003年"国家精品课程"建设的基础上开展"国家精品开放课"建设，先后认定了992门视频公开课、2884门资源共享课。2015年开展"国家精品在线开放课"建设，又认定了一批课程。2019年开展"一流课程"建设，制定了"双万计划"（万门国家级一流课程、万门省级一流课程）。在这些课程的遴选条件中，都明确提出了课程思政的要求。这些课程建设大大推进了课程思政立德树人的工作。

三、传统媒体与新兴媒体整合

思想政治教育载体的新发展既是对经济社会发展、信息技术发展、人们思想观念发展的必然回应，也构成了思想政治教育创新发展的重要标志和强大动力。在新时代，思想政治教育载体呈现出从单一化到多样化、从大众化到分众化、从单边操作到双边多边交互、从扁平化到融合式的发展态势。新时代高校思想政治教育的传统媒体与新兴媒体整合，在思想政治理论课教学和课程思政建设、思想政治教育网站和平台建设等诸多方面，正在发挥着重大的作用。

在思想政治理论课教学和课程思政建设方面。思想政治理论课教学和课程思政的精彩教案、精彩课件、精彩课程资源库建设，将传统媒体与新兴媒体整合，实现了优质教学资源的共建共享。思想政治理论课基于慕课的混合式教学模式改革，特别是疫情防控期间线上线下相结合的专题教学模式，还有思想政治理论课智慧课堂的建设，都有赖于传统媒体与新兴媒体整合。有学者提出传统媒体与新兴媒体整合开展思想政治教育，要遵循"教师主导（主体）、学生中心（客体）、团队合作（组织）、移动为主（载体）、个性化定制供自主性探索（供给）、形成育人'同心圆'（目标）"的原则；可构建"线上学习+课堂讲授+自主探究+专题讨论+社会实践"的"五位一体"研究性教学模式，等。[1] 这些改革创新大大提升了课程教学的实效性。

在思想政治教育网站和平台建设方面。2006 年教育部思政司就开始开展"全国高校百佳网站网络评选"活动，以促进高校思想政治教育网站建设。到 2016 年已连续评选七届。"全国高校百佳网站网络评选"活动是教育部思政司指导，中国大学生在线主办的面向全国高校开展的网络评选活动。通过不断优化评选环节，积极主动服务师生，发挥引领示范作用，加大学生参与力度，在全国高校及社会上不断引起重视和关注，逐渐成为全国高校校园网络文化建设的标志性品牌活动。随

---

① 曹挹芬，唐亚阳.5G 时代高校思想政治理论课智慧课堂建设的理念与原则 [J]. 学校党建与思想教育，2020（3）：76-78.

着媒体融合的不断发展，目前我国大部分高校已经建立起了包括网站在内的融媒体宣传教育平台，其中以大学生喜闻乐见的微信、微博、短视频等新媒体平台为主。从 42 所双一流高校 2019 年的融媒体宣传教育平台建设情况来看，有以下特点：一是融媒体宣教平台已初具规模，而且不同的学校已经形成了各具特色的宣传风格。在融媒体平台建设过程中，各个学校大多采用示例引导、新闻报道、资讯分析等方式进行思想政治教育和引领，其中微信更官方、微博更迅捷、短视频更具表现力。截至 2019 年年末，42 所高校均建立了自己的官方微信公众号与官方新浪微博，36 所双一流高校建立了自己的抖音公众号，形成了较为完整的融媒体宣传体系。二是数量上和内容上更新较为及时。41 所高校平均每周更新微信公众号 20 篇，平均每年更新微博数 2898 次，平均每年更新抖音号 80 次。三是高校党政融媒体宣传实现了一体化。2019 年 42 所高校的党建思想政治工作报道均通过高校整体的融媒体宣传平台得以实现，这在一定程度上避免了宣传资源的浪费和重复，也给学生们关注校园资讯、接受思想政治教育提供了一体化平台的便利。四是党建思想政治融媒体运营团队基本形成。以各个高校的党委宣传部为主导，成立了一批运营融媒体平台的学生组织，培养了一批掌握融媒体运营技巧的优秀学生骨干，推动了高校思想政治教育工作参与群体的广泛化和多样化，拓展了"三全育人"的广度。①

在加强网络舆论引导工作方面。随着互联网的普及和发展，网络舆论在社会生活中发挥着越来越重要的作用。网络舆论具有信息量大、传播速度快、覆盖面广等特点。同时，网络舆论也存在着多元性、互动性、匿名性等特征。大学生作为网络使用的主力军，其学习和生活的日常点滴已在潜移默化中与互联网全面连线、深度融合。当代大学生是在

---

① 李佩洁．"三全育人"背景下高校思想政治教育融媒体平台建设研究［J］．江汉论坛，2021（4）：183–188.

互联网普及中成长起来的，具有鲜明的"数字原住民"特质。网络各种信息都深刻影响着大学生的日常生活方式、交往方式、思维方式以及价值观念等。良好的网络舆论有助于大学生思想政治教育，而负面网络舆论对大学生价值观培育、思想观念形成有着不容忽视的影响，甚至会影响到社会的稳定和发展。因此，加强网络舆论引导工作显得尤为重要。加强网络舆论引导工作是一项长期而艰巨的任务，需要政府、媒体、企业、高校和大学生的共同努力。一是政府要加强法律法规建设，制定和完善相关法律法规，规范网络行为，维护网络舆论的秩序。并建立网络舆情监测机制，实时监测网络舆情动态，及时发现和应对负面舆情，防止舆情恶化。二是要强化主流媒体的作用，发挥主流媒体在网络舆论场中的权威性，通过发布权威信息，还原事实真相，引导网络舆论走向。三是高校思想政治工作者要深入网络，掌握舆情，并成为网络意见领袖，发挥议题设置的积极作用，传播正能量，抵制负能量，优化网络舆论环境。四是要提高大学生媒介素养，通过教育和宣传，提高大学生对网络信息的辨别能力，增强对网络谣言、虚假信息的抵抗力。

四、心理育人与思想道德育人并重

2016 年 12 月全国高校思想政治工作会议上，习近平发表重要讲话时强调：高校思想政治工作立德树人是根本任务。要坚持不懈促进高校和谐稳定，培育理性平和的健康心态，加强人文关怀和心理疏导。

2017 年 12 月中共教育部党组印发的《高校思想政治工作质量提升工程实施纲要》将心理育人列入育人的"十大工程"之一，明确提出：要大力促进心理育人。坚持育心与育德相结合，深入构建教育教学、实践活动、咨询服务、预防干预、平台保障"五位一体"的心理健康教育工作格局。加强心理健康知识教育，把心理健康教育课程纳入学校整体教学计划，组织编写大学生心理健康教育示范教材，开发建设《大学生心理健康》等在线课程，实现心理健康知识教育全覆盖。开展宣传活动，举办"5·25"大学生心理健康节等品牌活动，充分利用网络、广播、微信公众号、APP等媒体，营造心理健康教育良好氛围，提高师生心理保健能力。强化咨询服务，提高心理健康教育咨询与服务中心建设水平，按照师生比不低于1∶4000配备心理健康教育专业教师，每校至少配备2名专业教师。加强预防干预，推广应用《中国大学生心理健康筛查量表》"中国大学生心理健康网络测评系统"，提高心理健康素质测评覆盖面和科学性；建立学校、院系、班级、宿舍"四级"预警防控体系，完善心理危机干预工作预案，建立转介诊疗机制，提升工作的前瞻性、针对性。完善工作保障，研制高校师生心理健康教育指导意见，保证生均经费投入和心理咨询辅导专用场地面积，建设校内外心理健康教育素质拓展培养基地，培育建设一批"高校心理健康教育示范中心"。

2018年7月教育部党组发布《高等学校学生心理健康教育指导纲要》，进一步明确了心理健康教育是提高大学生心理素质、促进其身心健康和谐发展的教育。其指导思想是坚持育心与育德相统一，加强人文关怀和心理疏导，规范发展心理健康教育与咨询服务，更好地适应和满足学生心理健康教育服务需求，引导学生正确认识义和利、群和己、成和败、得和失，培育学生自尊自信、理性平和、积极向上的健康心态，促进学生心理健康素质与思想道德素质、科学文化素质协调发展。在教育部的直接督查下，各高校心理健康教育工作的教育教学、实践活动、咨询服务、预防干预"四位一体"的格局基本形成，大大促进了和谐校园建设和大学生心理素质的提升。

2023年5月教育部等十七部门联合印发的《全面加强和改进新时代学生心理健康工作专项行动计划（2023—2025年）》提出：五育并举促进心理健康。首先就是以德育心。将学生心理健康教育贯穿德育思政工作全过程，融入教育教学、管理服务和学生成长各环节，纳入

"三全育人"大格局，坚定理想信念，厚植爱国情怀，引导学生扣好人生第一粒扣子，树立正确的世界观、人生观、价值观。同时还应以智慧心、以体强心、以美润心、以劳健心。

五、文化育人以增强文化自信

习近平总书记指出，做好高校思想政治工作，要更加注重以文化人、以文育人。文化是民族的血脉，是人民的精神家园。文化对人的教化、熏陶、感染、塑造并不是一种在强迫的教育过程中，对教育对象进行的硬性灌输，它所表现出来的是一种"春风化雨、润物无声"的教育方式，让教育对象在不知不觉中接受教育者所教授的思想理论和道德要求，并对教育者所代表的价值理念、道德观念进行认可和实践。新时代大学文化育人是做好大学思想政治工作的一项重要举措，就是要充分利用文化的价值导向作用，对大学生进行价值观的培养、世界观的培养和人生观的培养，进一步增强文化自信。文化自信，是更基础、更广泛、更深厚的自信。

新时代高校思想政治教育加强文化育人，必须创新形式，搭建平台，为培养高素质人才提供文化支撑。一些高校以思想道德文化为龙头，在思想教育与价值引领中增强文化自信，坚持以社会主义核心价值观为统领，把核心价值观这种"德"，内化为精神追求，外化为实际行动。以知识文化传授为基础，在夯实学科知识中增强文化自信，加强通识教育，注重建设融汇中西、贯通古今、文理艺术相融合、知识学习和实践锻炼相结合的课程体系，强化文化育人功能。以审美文化为追求，在美育中增强文化自信，贯彻国务院《关于全面加强和改进美育工作的意见》，抓好顶层设计，开辟第二课堂，培养学生鉴赏美和创造美的能力。① 着力把

---

① 郑蓼. 以文化人以文育人，增强师生文化自信 [J]. 思想政治工作研究，2017（10）：27-29.

中华优秀传统文化、革命文化和社会主义先进文化有机融入人才培养各环节。引导师生从博大精深的中华文化中汲取滋养，丰富涵养，提升品位，达到以文化人、以文育人，进一步增强中国特色社会主义文化自信的效果。

六、实践育人以拓宽见识才干

大学生社会实践活动作为高校的一种思想教育的有效形式，在改革开放新时期就由最初定的社会调查等方式发展到社会调查、咨询服务、义务劳动、勤工助学、挂职锻炼、教学实践、专业实习、军政训练、志愿者活动等多种形式，大大促进了大学生认识社会、服务社会、健康成长。

进入新时代，党和国家要求高校把社会实践融到学校教育教学的整体规划之中，建立社会实践保障体系，引导大学生走出学校的大门，到社会基层中锻炼自己、服务社会，积极寻找新的途径，将社会实践与自身的专业学习及服务社会结合起来。一是规范了专业社会实践。大学生在大学专业学习过程中要进行为期若干周的教学实习和毕业实习，在实习期间不但要进行专业能力的锻炼，还要提高思想政治素质和职业道德水平。二是在思想政治理论课教学中规定了一定学时的社会实践内容。或调查研究，或理论宣讲。一些省教育部门还每学期组织社会实践成果竞赛。三是组织假期社会实践活动，包括理论宣讲、社会调查、学习参观、生产劳动、社会服务、科技发明、勤工俭学、科技文化卫生"三下乡"活动、科技文体法律卫生"四进社区"活动等。四是为大学生社会实践提供支撑保障，包括后勤支持、资金保障和相关法律法规建设等方面。学校提供充足的场地和器材供应、完善的信息服务以及必要的资金支持；政府制定相应的法律法规，为实践活动提供法律保障；企业积极支持大学生社会实践活动，提供必要的资源和指导。这些措施大大提高了实践育人的质量和效果。

第三节　新时代高校思想政治教育发展的保障机制

习近平总书记明确指出："学校思想政治工作不是单纯一条线的工作，而应该是全方位的。"[①] 要完善新时代高校思想政治教育发展的保障机制。新时代各高校基本形成了系统完备、逻辑严密、内在统一的保障机制。即"党委统一领导"是核心、"党政齐抓共管"是关键、"有关部门各负其责"是根本、"全社会协同配合"是基础的管理育人、服务育人、资助育人、组织育人的制度保障机制。

一、管理育人制度保障机制

2021 年 7 月中共中央国务院印发的《关于新时代加强和改进思想政治工作的意见》强调，把思想政治工作作为治党治国的重要方式，构建共同推进思想政治工作的大格局。完善领导体制和工作机制，完善党委统一领导、党政齐抓共管、宣传部门组织协调、有关部门和人民团体分工负责、全党全社会共同参与的思想政治工作大格局。

具体来说，要建立健全管理育人制度。一是学校党委领导高校思政工作的制度。坚持和完善普通高校党委领导下的校长负责制，高校党委对本校工作实行全面领导，履行管党治党、办学治校的主体责任，切实发挥领导核心作用。高校党委书记主持党委全面工作，履行高校思想政治工作和党的建设第一责任人的职责。校长是学校的法人代表，在党委领导下组织实施党委有关决议，行使高等教育法等规定的各项职权。其

---

① 习近平. 思政课是落实立德树人根本任务的关键课程 [J]. 求是，2020（17）：4-13.

他党委班子成员履行"一岗双责",结合业务分工抓好思想政治工作和党的建设工作。建立健全思想政治工作责任制,制定思想政治工作责任清单,明确落实措施和推进步骤。二是院(系)党委(总支、支部)领导思政工作的制度。发挥院(系)党委(总支、支部)的政治核心作用,履行政治责任,保证监督党的路线方针政策及上级党组织决定的贯彻执行。认真执行民主集中制原则,通过院(系)党政联席会议讨论和决定本单位重要事项,健全院(系)集体领导、党政分工合作、协调运行的工作机制,提升班子整体功能和议事决策水平。三是党的基层组织的思想政治工作制度。党的基层组织要认真贯彻党章党规要求,做好党员和群众的思想政治工作。坚持党要管党、全面从严治党,以党的政治建设为统领,坚持思想建党和制度治党相统一,把思想政治工作落实到党的各项建设之中。四是党政各部门齐抓共管分工合作的制度。如建立健全校领导、院(系)领导联系师生、谈心谈话制度,在平等沟通、民主讨论、互动交流中进行思想引导,有的放矢开展工作。宣传部门统一规划思想政治教育制度,学工、团委等部门实施思想政治教育制度,等。

同时完善教育法律法规体系,加快制(修)订教育规章,保障师生员工合法权益。健全依法治校、管理育人制度体系,结合大学章程、校规校纪、自律公约修订完善,研究梳理高校各管理岗位的育人元素,编制岗位说明书,明确管理育人的内容和路径,丰富完善不同岗位、不同群体公约体系,引导师生培育自觉、强化自律。

二、服务育人制度保障机制

建立健全服务育人制度,就是要把解决师生的实际问题与解决思想问题结合起来,围绕师生、关照师生、服务师生,把握师生成长发展需要,提供靶向服务,增强供给能力,积极帮助解决师生工作学习中的合理诉求，在关心人、帮助人、服务人中教育人、引导人。因此教育部要求要研究梳理各类服务岗位所承载的育人功能，并作为工作的职责要求，体现在聘用、培训、考核等各环节。

一是社会实践的服务保障制度。要整合各类实践资源，强化项目管理，丰富实践内容，创新实践形式，拓展实践平台，完善支持机制。强化社会实践育人，提高实践教学比重，组织师生参加社会实践活动，完善科教融合、校企联合等协同育人模式，加强实践教学基地建设，建立健全国家机关、企事业单位、社会团体接收大学生实习实训制度。二是后勤保障服务制度。持续开展"节粮节水节电""节能宣传周"等主题教育，推动高校节约型校园建设，大力建设绿色校园，实施后勤员工素质提升计划，切实提高后勤保障水平和服务育人能力。三是图书资料服务保障制度。建设文献信息资源体系和服务体系，优化服务空间，注重用户体验，提高馆藏利用率和服务效率。开展信息素质教育，引导师生尊重和保护知识产权，维护信息安全。四是医疗卫生服务保障制度。制订健康教育教学计划，开展传染病预防、安全应急与急救等专题健康教育活动，培养师生公共卫生意识和卫生行为习惯。五是安全保卫服务保障制度。加强人防物防技防建设，全面开展安全教育，提高安保效能，培养师生安全意识和法制观念。

服务育人必须增强供给能力，建设校园综合信息服务系统，充分满足师生学习、生活、工作中的合理需求。加强监督考核，落实服务目标责任制，把服务质量和育人效果作为评价服务岗位效能的依据和标准。并选树一批服务育人先进典型模范，培育一批高校"服务育人示范岗"。

三、资助育人制度保障机制

资助育人就是要把"扶困"与"扶智"、"扶困"与"扶志"结合起来，建立国家资助、学校奖助、社会捐助、学生自助"四位一体"的发展型资助体系，构建物质帮助、道德浸润、能力拓展、精神激励有效融合的资助育人长效机制，实现无偿资助与有偿资助、显性资助与隐性资助的有机融合，形成"解困—育人—成才—回馈"的良性循环，着力培养受助学生自立自强、诚实守信、知恩感恩、勇于担当的良好品质。

一是要加强资助工作顶层设计，建立资助管理规范，完善勤工助学管理办法，构建资助对象、资助标准、资金分配、资金发放协调联动的精准资助工作体系。二是要精准认定家庭经济困难学生，健全四级资助认定工作机制，采用家访、大数据分析和谈心谈话等方式，合理确定认定标准，建立家庭经济困难学生档案，实施动态管理。三是要坚持资助育人导向，在奖学金评选发放环节，全面考查学生的学习成绩、创新发展、社会实践及道德品质等方面的综合表现，培养学生的奋斗精神和感恩意识。在国家助学金申请发放环节，深入开展励志教育和感恩教育，培养学生爱党爱国爱社会主义意识。在国家助学贷款办理过程中，深入开展诚信教育和金融常识教育，培养学生的法律意识、风险防范意识和契约精神。在勤工助学活动开展环节，着力培养学生自强不息、创新创业的进取精神。在基层就业、应征入伍学费补偿贷款代偿等工作环节中，培育学生树立正确的成才观和就业观。四是要创新资助育人形式，实施"发展型资助的育人行动计划""家庭经济困难学生能力素养培育计划"，开展"助学·筑梦·铸人""诚信校园行"等主题教育，组织国家奖学金获奖学生担任"学生资助宣传大使"。培育建设一批"发展型资助的育人示范项目"，推选展示资助育人优秀案例和先进人物。

四、组织育人制度保障机制

组织育人就是要发挥高校各级各类组织的育人功能。首先，要发挥各级党组织的育人保障功能，进一步理顺高校党委的领导体制机制，推动学校各级党组织自觉担负起管党治党、办学治校、育人育才的主体责任。如实行高校党建工作评估制度，开展校、院（系）党组织书记抓基层党建述职评议，实施教师党支部书记"双带头人"培育工程，等。其次，要发挥各类群团组织的育人纽带功能，推动工会、共青团、学生会等群团组织创新组织动员、引领教育的载体与形式，更好地代表师生、团结师生、服务师生，支持各类师生社团开展主题鲜明、健康有益、丰富多彩的活动，充分发挥教研室、学术梯队、班级、宿舍在师生成长中的凝聚、引导、服务作用。培育建设一批文明社团、文明班级、文明宿舍。把组织建设与教育引领结合起来，强化高校各类组织的育人职责，增强工作活力、促进工作创新、扩大工作覆盖、提高辐射能力。最后，要加强全体教师队伍和思想政治教育专门队伍的建设。强调要提升教师思想政治素质，加强思想政治工作，建立中青年教师社会实践和校外挂职制度，加强师德师风建设，增强教师教书育人的责任担当。要完善教师评聘和考核机制，增加课堂教学权重，引导教师将更多精力投入课堂教学，完善教师职业道德规范，实施师德"一票否决"制度。高校思想政治工作队伍和党务工作队伍具有教师和管理人员双重身份，要纳入高校人才队伍建设总体规划，形成一支专职为主、专兼结合、数量充足、素质优良的工作力量。要注重高校辅导员队伍的建设。高校辅导员是大学生思想政治教育、学业指导、心理辅导和生活关怀等方面的重要提供者。他们的工作涵盖了大学生在校期间的各个方面，从思想引导到生活琐事，无一不包，是学生在大学期间的"指导员"和"引路人"。辅导员队伍的建设对于高等思想政治教育的发展和学生的成长具有深远影响。针对高校辅导员队伍建设在数量、结构、能力上存在一些问题，教育部出台多项文件，要求优化辅导员选拔机制，选拔具有相关专业背景和一定工作经验的人员担任辅导员；加强辅导员培训与发展，通过定期培训、交流学习等方式提升辅导员的业务能力；完善薪酬待遇，确保辅导员的职业发展与待遇水平同步提升；建立考核评价机制，通过科学评价激发辅导员的工作积极性。总之，进一步加强高校思想政治教育专门队伍的建设，不仅有助于提高高校思想政治教育发展质量，更能够为大学生的全面发展提供有力保障。

第六章

质量评价：新时代高校思想政治教育发展质量评价的思考

思想政治教育质量评估是根据思想政治教育目标，采用科学的方法，对评估对象进行教育效果的测量和评价，以形成对思想政治教育各环节运行合理程度的反馈，为思想政治教育发展提供有效信息，是思想教育的一个重要环节。研究新时代高校思想政治教育发展质量的评价，有必要考察我国本科教学评估发展历程和高校思想政治教育质量评价的发展历史。

第一节　我国高校本科教育教学质量评价的历史演进

我国本科教学评估发展经历了五个阶段。目前正在进行新一轮审核评估。而高校思想政治教育质量评价与我国本科教学评估发展基本是同步的。我国本科教学评估发展历程和经验对于新时代高校思想政治教育发展质量评价研究都是非常宝贵的。

一、我国高校本科教学评估的发展阶段

新中国成立后到 20 世纪 80 年代之前为我国高校本科教育教学评估的第一阶段，属于质性评价阶段。20 世纪 80 年代后开始学习和实施量

化和质性相结合的质量评估。20世纪80年代为第二阶段，是以学习、研究、试点为支撑的起步阶段。围绕高等教育评估"要不要干、怎么干"进行学习、研究、试点，出台了《普通高等学校教育评估暂行规定》，形成了基本思路和工作框架。20世纪90年代为第三阶段，是以开展多种形式评估为重点的实践探索阶段。从实践层面对200多所高校开展了合格评估、优秀评估、随机性水平评估等多种形式的评估探索，为后续大规模评估的组织实施积累了宝贵经验。21世纪第一个十年为第四阶段，是以组织开展首轮全国范围评估为特征的全面推进阶段。高等教育从精英教育向大众化教育跨越式发展，2003年至2008年，我国开启了首轮全国范围的大规模水平评估，绝大多数高校都接受了水平评估。高校开始从制度层面来保障教学投入、规范办学和内涵建设。21世纪第二个十年为第五阶段，是以构建适应我国国情的"五位一体"评估体系为标志的创新发展阶段。在总结经验教训的基础上，教育部进行顶层设计，确立了"五位一体"的评估体系（实施了审核评估），是具有中国特色的"中国方案"，在国际上也产生了广泛而积极的影响。

二、我国高校新一轮本科教育教学评估的特点

2021年1月21日，教育部印发了《普通高等学校本科教育教学审核评估实施方案（2021—2025年）》（教督〔2021〕1号），启动了新一轮本科教育教学审核评估工作。根据该实施方案和《关于做好"十四五"期间普通高等学校本科教育教学审核评估工作的通知》（国教督办函〔2022〕36号）等文件精神，目前我国高校新一轮本科教育教学审核评估正在有序进行。

新一轮审核评估是相对于2013—2018年组织实施的上轮审核评估而言。它的"新"主要体现在五个方面：一是评估导向的变化，强调

把立德树人的成效作为检验学校一切工作的根本标准。二是评估内涵的变化，变本科教学工作评估为本科教育教学评估，突出教育与教学的有机结合。三是评估类型的变化，采取柔性分类方法，提供两类四种评估指标体系供高校自主选择。四是评估方法的变化，采取线上与入校"一体化"评估、定性与定量结合、明察与暗访结合等方式，当好"医生"和"教练"，为学校诊断把脉，突出评估为学校服务。五是评估功能的变化，突出评估的激励作用和约束作用，强化评估结果使用和督导复查，评价结果供"双一流"建设成效评价、学科评估共享使用，为教育行政部门决策、精准开展工作提供参考。

开展新一轮审核评估，原因如下：一是全面落实中央教育评价改革任务的需要。2020年，中央出台《深化新时代教育评价改革总体方案》《关于深化新时代教育督导体制机制改革的意见》，明确提出要改进本科教育教学评估，推进高校分类评价，加强和改进教育评估监测。立足时代、面向未来，统筹谋划新一轮审核评估，对落实中央教育评价改革要求，引导高校坚定正确办学方向、抓实人才培养质量"最后一公里"具有重要作用。二是加快构建中国特色高等教育质量保障体系的需要。高等教育评估是高等教育法的法定任务，是现代高等教育体系的重要组成部分。实践证明，评估对推动高等教育质量提升、保证高等教育健康发展具有不可替代的作用。审核评估是高等教育质量保障体系的重要内容，构建中国特色、符合时代需要的审核评估制度，建立健全校内校外协同联动的诊断改进机制，是加快实现高等教育质量保障体系制度化、长效化的紧迫任务。三是改进本科教育教学评估工作的内在需要。上轮审核评估在引导高校"强内涵、促特色"方面作用明显，评估理念标准已在教育战线形成广泛共识，成为高等教育评估的品牌，并在国际上产生积极影响。但还存在评估推动高校建立立德树人落实机制力度不够、评估分类不明确、评估结果刚性不强、评估整改乏力等不足，迫切需要在传承经验的基础上，对审核评估工作进行改革创新。四是顺应国际高等教育发展趋势的必然选择。评估是国际高等教育领域保障高校办学水平和人才培养质量的重要机制，已经成为国际高等教育治理的重要手段。美、英、法、德、日、韩等发达国家都在积极运用评估改善高校教育教学，促进高等教育健康发展，普遍建立起了高等教育质量保障法律法规体系和制度体系，开展课程质量评估、专业质量认证、院校评估、教学评价、科研评估等质量评估工作。新一轮审核评估针对我国高等教育进入普及化阶段的质量保障需要，体现了国际高等教育评估的共性趋向，有利于内部质量保障与外部质量保障的有机统一，相融互促。

第二节　我国高校思想政治教育质量评价的历史演进

我国高校思想政治教育有较长远的历史，与其相应的思想政治教育质量评估也有它特殊的历史演进轨迹。可以说新民主主义革命，社会主义革命和建设时期高校思想政治教育的质量评价主要是质性评估，直到改革开放新时期高校思想政治教育的质量评价才引进量化评估，使之与质性评估相结合，到中国特色社会主义新时代，高校思想政治教育的质量评价才跃上一个新的台阶。

一、社会主义革命和建设时期高校思想政治教育质量评价

新民主主义革命时期，我党就在青年学生和各级各类党校中开展了以学习马克思主义、毛泽东思想，培养理论联系实际的学风为主要内容的思想政治教育工作。新中国成立以后，我国高校继承和发扬革命战争年代形成的优良传统，逐步建立了社会主义高等学校思想政治教育的新体制、新格局。但这一时期，即自新中国成立至党的十一届六中全会以

前，我国高校思想政治教育基本没有评估系统，评价教育效果的方式一直采用工作总结、个人小结和定性的德育评定。这是由这一时期的高等教育评估状况、思想政治教育状况决定的。

先看这一时期的高等教育评估状况。

教育评估在中国有着悠久的历史，在古代影响较为深远的便是封建科举制度，它是以封建社会统治阶级的价值观对人的学力、政治态度以及身体素质等进行综合考核的评估制度。中国自 1905 年科举制度废除后，教育评估没有很好地发展下去。西方国家的教育测验的理论传到我国后，在 20 世纪二三十年代形成了中国的教育测量运动。我国的学者在翻译、引进西方各种理论的同时也根据中国的具体情况做了补充和修订，开展了大量创造性的研究。但是在研究的过程中出现了严重的偏差，以至于"测验运动竟一蹶不振，社会对之几乎有淡然抛弃之势"①。新中国成立后，我国教育评估活动的开展主要以苏联的经验为标本，对西方国家先进的教育理论持否定态度。此时中国的高等教育评估，实际上主要是学习苏式成绩考评法。然而随着中苏关系危机的加重，我国教育评估理论的发展再次陷入困境。20 世纪 60 年代初，两国关系彻底破裂。苏式的考评方法因"修"字号被批判后，中国的高等教育评估随之陷于无所适从的困境而再次被迫中断。

1966 年中国开始了"文化大革命"。中国高等学校的正常招生被中断了 6 年。1972 年起，大多数高等学校开始恢复招生，主要是招收具有 2 年以上实践经验、初中毕业以上文化程度的工农兵学员，取消了文化课考试，实行"自愿报名、群众推荐、领导批准、学校复审"的办法。高考制度废止，自然无法奢谈高等教育评估的任何发展。到 1977 年恢复高考，中国高等教育评估已中断足有 20 年。

---

① 宋伏秋，梅克. 我国普通教育评价模式研究 [M]. 北京：中国和平出版社，1995：11.

再看这一时期的高校思想政治教育状况。

新中国成立以后，我国逐步建立起了高校思想政治教育的新体制，如在制度建设上高校普遍开设了马克思主义政治理论课，比较注重大学生德、智、体全面发展的教育，注意发挥教师教书育人的作用和学校行政领导对思想政治教育的全面负责制。在教育内容上，有马克思主义世界观、人生观的理论教育，有结合党的中心任务的形势与政策教育，有爱国主义和国际主义教育。在教育途径上，出现了课堂教育与课外活动相结合、专业理论教育与思想政治教育相结合、校内教育与社会实践相结合、党团组织活动与日常思想工作相结合等多种形式。教育效果比较显著，也积累了不少新经验。

但在 1957 年至 1966 年间，高校思想政治教育由于受到"左"的指导思想的影响，出现了一些偏差。虽然 1961 年中央制定了"高校 60 条"，规定了思想政治教育的任务、目标、内容和方法，但由于受到"左"的思想影响，有些教育活动常常受到"突出政治""以阶级斗争为纲"等观念的冲击，导致思想政治教育工作走入实用主义、形式主义的弯路。

"文化大革命"十年，由于党的指导方针失误，特别是林彪、江青反革命集团的倒行逆施，我国高校思想政治教育工作遭受了严重灾难。党的思想政治教育的优良传统以及思想政治教育的任务、内容、原则、方法、领导管理体制被彻底破坏，青年学生的政治思想及道德品质教育也遭到严重扭曲。这一时期中以政治运动统治一切的思想教育活动严重违背了思想政治教育的规律。

从质量评价的内涵出发，严格地说，整个社会主义革命和建设时期基本没有开展高校思想政治教育的质量评价。其主要原因在于：一是没有形成自己科学的标准。开展质量评价首先得有评价标准。开展高校思想政治教育的质量评价首先要在正确理论指导下确立思想政治教育目标体系。目标是进行思想政治教育的首要前提，没有科学的目标，就不可能有科学的思想政治教育原则和内容，也就不可能形成自己科学的质量评价标准。新中国成立以后一个时期内，由于受到"左"的影响，政治统领一切，我国高校思想政治教育基本上是以政治教育为核心内容。思想政治教育没有长远目标，没有一定的理论作指导，没有科学的依据，因此这一时期也不具备思想政治教育评估的客观条件。二是缺乏评估的方法。开展质量评价还得有评价的方法，使质量评估具有可比性，并具有系统的反馈机制。而这一时期我们对思想政治教育评估缺乏科学的、全面的认识，长期将思想政治教育看作日常的、零碎的政治工作。在这种片面认识的基础上就很难有思想政治教育评估的方法。学校对学生德育的评估仅限于日常生活表现的总结，对学校思想政治教育状况评估，也仅仅是政治工作总结。从严格意义上说，这种总结并不是思想政治教育评估，因它缺乏可比性和系统的反馈机制。

二、改革开放新时期高校思想政治教育质量评价

改革开放新时期高校思想政治教育的质量评价是与这一时期的高等教育评估状况同步发展的。

这一时期的高等教育评估状况如下：

1976 年粉碎"四人帮"，1977 年恢复高考，中国高等教育开始步入正轨。中国最早的高等教育评估活动是 1983 年教育部在武汉召开高教工作会议上提出对重点学校开展评议后才进行的。1985 年 5 月颁布的《中共中央关于教育体制改革的决定》提出"国家及其教育管理部门要加强对高等教育的宏观指导和管理，教育管理部门还要组织教育界、知识界和用人部门定期对高等学校的办学水平进行评估"。此时中国的高等教育评估才逐步开展起来。1990 年 10 月原国家教委发布了《普通高等学校教育评估暂行规定》，该规定对教育评估的指导思想、目的、任务、评估的形式、评估机构和评估程序等都作了详细的规定，这是我国高等教育评估进一步走上正规化、法制化轨道的标志。1993年2月，中共中央、国务院颁布了《中国教育改革和发展纲要》，对与社会主义市场经济相适应的教育体制改革的目标以及相应的教育评估的地位、作用作了明确规定。

1993年我国成立了第一家教育评估机构——北京高等学校教育质量评价中心。1994年又成立了中国高等教育评估研究会，在此之后，各地也相继成立了许多教育评估院、教育评估学会等各种类型的地区性或民间教育评估组织，如上海教育评估事务所、江苏省教育评估院、广东教育评价中心等教育评估中介机构，它们在一定程度上承担着对我国高等教育评估、督导、咨询和科学研究的任务。

1995年3月颁布的《中华人民共和国教育法》中把教育督导和教育评估作为我国教育评价的两种基本形式。1998年颁布的《中华人民共和国高等教育法》第四十四条规定："高等学校的办学水平、教育质量，接受教育行政部门的监督和由其组织的评估。"1999年8月，教育部下发《关于加强教育督导与评估工作的意见》，对加强教育督导与评估工作的重要性、教育督导与评估工作的性质、督导机构的职责、教育督导与评估制度建设，以及如何加强和改善教育督导与评估工作的领导、充分发挥督学的作用等方面提出了指导性意见。这些法规为我国高等教育评估制度的建设、评估机构的成立和评估工作的开展提供了法律依据，给我国高等教育评估理论研究指明了方向，对完善我国高等教育评估制度起到了积极的推动作用。

这一时期高校思想政治教育的质量评价的状况如下：

1981年6月，党召开了十一届六中全会，通过了《关于建国以来党的若干历史问题的决议》（以下简称决议），对于新中国成立以来的重大历史问题，特别是"文化大革命"作出了决议，完成了党在指导思想上的拨乱反正，也为高校思想政治教育进行新的探索指明了方向。在贯彻《决议》精神的过程中，教育战线召开了全国高等学校思想政治教育工作会议。会上总结和反思了新中国成立 32 年里我国高校思想政治教育成败的经验和教训，提出了思想政治教育的七条基本经验。这次会议首次提出学生思想政治教育也是一门科学，需要不断探索其客观规律。这对高校思想政治教育工作起到了极大的推动作用。思想政治教育逐步走向正规化。对于思想政治教育的评估也有了新的认识，认为评估不是简单的总结，评估的功能是多方面的，不仅要反映受教育者思想行为的变化情况、教育者和领导部门以及教育内容、方法等的合理程度，同时要形成反馈机制，为思想政治再教育提供科学的依据。因此，传统的评定方式已远远不能适应思想政治教育科学化的要求，需要在定性的基础上进行科学的定量研究。

1977 年恢复高考以后，各校对智育课程的考核逐步完善，学习成绩成了考核学生的硬指标，而对学生德育的考核却没有明确的规定。有些学校开展了学生思想小结、学生自我鉴定、班级写评语等考核工作，并划分为优、良、中、差的等级，但这种基本上建立在主观印象上的评价工作缺乏全面性、客观性及科学性。许多学校认为要激励学生按照党的培养目标努力，就必须把学生的德智体各方面的表现与其自身利益联系起来，这就需要建立一套科学有效的综合评价体系。因此，自 1984 年，以上海各高校为代表的学生素质综合测评应运而生。这种综合评估经历了 1984 年的创新探索、1985 年的完善提高，到 1987 年的全国高校推广普及，其特点是德智体三方面分别建立指标体系，分类计算，以综合得分决定优劣，较以前的定性评估进了一大步。

1994 年，《中共中央关于进一步加强和改进学校德育工作的若干意见》明确要求："要建立德育工作的评估制度，并把德育工作作为评价一个地区、一所学校教育教学工作的重要内容。高等学校德育工作应列入'211 工程'评估标准。"2000 年，教育部发布的《关于加强和改进研究生德育工作的若干意见》中提出："要建立研究生德育工作评估制度，把研究生德育工作的落实情况和效果作为评价和衡量研究生德育工作的重要指标并列入研究生培养工作评估体系，使研究生德育工作逐步走向制度化、规范化和科学化。"可以看出，随着高等教育的发展，质量越来越成为高等教育的生命线，质量评价不仅是工作评定和价值判断的明确任务，更是反馈和改进高等教育的重要方法，而且对于高校思想政治教育质量评价的要求和需求也在不断提升。

2004年，中共中央、国务院颁布《关于进一步加强和改进大学生思想政治教育的意见》，作为新世纪大学生思想政治教育的纲领性文件，提出高校思想政治两个层面评估，高校内部自身要"把思想政治教育与教学、科研、社会服务工作结合起来，同时部署，同时检查，同时评估"，而外部"要把大学生思想政治教育工作作为对高等学校办学质量和水平评估考核的重要指标，纳入高等学校党的建设和教育教学评估体系"。同时，文件明确了加强和改进大学生思想政治教育的主要任务、思想政治理论课、日常思想政治教育和思想政治教育工作队伍等具体内容，从而为高校思想政治教育质量评价的具体落实和实施提供了各方面支撑。

三、中国特色社会主义新时代高校思想政治教育的质量评价

2012年党的十八大召开，中国特色社会主义进入新时代。中国特色社会主义新时代高校思想政治教育的的质量评价我们在第三节详述。

第三节　新时代高校思想政治教育
发展质量评价的现状与特点

进入新时代以来，党中央和习近平总书记高度重视高校思想政治工作，关于高校思想政治教育的理论研究和实践研究不断深化。伴随高校

思想政治工作的不断推进，高校思想政治教育质量评价也有了长足的发展。

一、新时代高校思想政治教育发展质量评价的现状

首先是高校思想政治教育质量评价的理论研究不断深化。

一是中国思想政治教育质量评价史研究。有学者总结了中国历代在德育评估方面的思想表达，从官学、私学两个层面，探讨了不同朝代对品德标准的侧重，同时梳理了古代品德评估的技术路径。有学者将改革开放以来思想政治教育测评分为四个发展阶段，总结了每一阶段发展历程，梳理了思想政治教育测评成果，指出思想政治教育测评存在"指标困境"和"方法困境"两方面的问题。有研究从教育学学科领域入手，从教育评估的角度，系统整理了中国教育评估史，把中国教育评估史分为三个阶段，即中国古代教育评估思想的发生和实践、中国近代教育评估的实践与探索、中国当代教育评估的复苏与创新，研究认为1985 年召开的"高等工程教育评估问题专题研讨会"是国内学术界公认的高等教育评估正式开始的起点。

二是中外高校思想政治教育质量评价的比较研究。有研究认为，西方德育评估经历了目标评价转向过程评价、效能评价转向价值评价、结果评价转向素质评价的一系列过程，指出相比教育评估的其他领域，德育评估依然是相当薄弱的领域。有研究提出西方价值观教育评价中，定量研究、质性研究和行动研究都发挥着重要作用。有研究系统整理了20 世纪 80 年代中后期以来，美、英、法、德、日、荷、澳等国家高等教育质量保证体系的产生背景、组织机构、质量标准和运行机制，对质量保证体系的整体构建进行了国别比较研究。

三是高校思想政治教育质量评价理论基础和评价指标体系研究。学者们一致认为，马克思主义哲学，包括认识论、价值论和评价论为思想

政治教育评价提供了科学的世界观和方法论，思想政治教育学、心理学、管理学、教育测量学、教育统计学和系统科学等相关学科则为思想政治教育评价奠定了坚实的理论基础。关于高校思想政治教育质量评价原则的观点有党性原则、实事求是原则、历史性原则、辩证性原则、科学性原则、人本性原则、动态性原则、对比性原则、系统性原则等等。对实践维度的原则集中在定性与定量评价结合原则，还有静态与动态有机结合原则、自我评价与他人评价相结合原则、正式评价与非正式评价结合原则。在指标体系构建方面，有的从整体框架、人员组织、要素设计、评估方法等内容入手，尝试搭建思想政治教育质量评价指标体系。有的将高校德育评估构成要素细化为目标、内容、指标标准、途径方法、评估主体等子要素形成高校德育评估体系。随着研究的不断推进和实践的反馈，对于思想政治教育质量评价指标体系的研究更加具体，形成了一些可供应用的指标体系。

其次是高校思想政治教育质量评价的实践不断深化。

一是形成了全国大学生思想政治教育工作测评体系，并开展了自评和抽查。2012 年，中宣部、教育部印发《全国大学生思想政治教育工作测评体系（试行）》（以下简称《测评体系》），标志着在构建大学生思想政治教育工作考核评价指标体系方面取得了重大突破。2013 年，中宣部、教育部联合下发通知，要求各地各高校按照《测评体系》要求开展自测自评，随后各省区市、新疆生产建设兵团和全国 2000 余所高校根据相关要求进行了自测自评并提交了自评报告。2014 年 5 月至 7 月，中宣部、教育部对北京等 10 省市和辖区内部分高校进行了测评抽查，抽查采用听取工作汇报、查阅文件档案、召开座谈会、个别访谈、实地调查相结合的方式进行。通过自测自评和抽查，形成了《全国大学生思想政治教育工作测评报告》。《全国大学生思想政治教育工作测评体系（试行）》的出台与《全国大学生思想政治教育工作测评报告》的形成，是高校思想政治教育工作质量评价研究的重要成果，为构建新的高校思想政治教育工作质量评价体系，提供了重要参考。

二是在思想政治理论课评价方面取得了进展。有学者以高校思想政治理论课"05方案"的实施为评价对象，对全国33所高校和9个省市教育厅进行了调研，总结出高校思想政治理论课教育教学评价的主要做法：教师教学评价成为重点，评价内容和方式向立体化多方位发展，课程建设评估方案、教学评建机构和教学督导制度都在逐渐推进，学生学习效果注重全过程考核，实践能力和研究能力成为考核亮点。有学者分析了思想政治理论课评价中的"投入和过程"的"以教评教"和重点关注"产出和结果"的"以学评教"两种模式，并针对思想政治理论课四门课程分别制定了"以学评教"监测体系，组织了三次测试，分别面向研究者所在学校华中师范大学、武汉市10所高校和湖北省部分高校，开展了课前和课后测试，形成了《湖北高校思想政治理论课教育教学质量监测报告》，形成了相对完整的高校思想政治理论课评价研究成果。2015年教育部出台了《高等学校思想政治理论课建设标准》包含了5个一级指标、22个二级指标、39个三级指标。

三是开展了马克思主义学科和马克思主义学院的评价。2012年、2017年、2022年在教育部第三、四、五轮学科评估中，都对马克思主义学科进行了评估。2017年9月，教育部印发《高等学校马克思主义学院建设标准（2017年本）》，设立了包括10个一级指标和21个二级指标，共56项具体要求的指标体系。2019年4月教育部印发《高等学校马克思主义学院建设标准（2019年本）》，调整了指标体系，即5个一级指标和17个二级指标，共57项具体要求。分三批评审了37个全国重点马克思主义学院。

四是在日常思想政治教育评价方面提出了一系列办法。如学生党建、主题教育、就业创业教育、心理健康教育、资助管理、网络思政、辅导员工作评价等。

二、新时代高校思想政治教育发展质量评价的特点

新时代高校思想政治教育发展质量评价既继承了历史发展过程中质量评价的经验，也体现出与时俱进的鲜明时代特点。主要表现为以政策文件为根本依据，以标准规范为重要抓手，以事实评价为主体格局，凸显定性与定量评价的紧密结合，加速评价标准的完善更新，构建多层次复合性评价体系，拓展综合性多领域的评价格局。[①]

一是遵循思想政治教育质量评价的内在规律，提升科学性。开展思想政治教育质量评价，是为了促进高校思想政治教育科学发展。只有遵循事物内在规律，才能取得良好的效果。新时代思想政治教育工作质量评价除了要遵循思想政治工作规律，遵循教书育人规律，遵循学生成长规律这些基本规律之外，还应重点把握大学生思想品德形成和发展规律，以及思想政治教育质量评价实施过程的规律。遵循大学生思想品德形成和发展规律可以为思想政治教育工作质量评价的指标体系设计、内容规范和方法选择运用提供科学的参考依据。而遵循思想政治教育工作质量评价实施过程规律，才能使评价更精确、更具体、更全面，从而更具有说服力。

二是注重思想政治教育工作质量评价的整体建构，提升全面性。大学生思想政治教育是一个复杂的系统工程，思想政治教育工作质量评价涉及多个领域、部门和环节，需要多项工作的有序协调和多重政策的配套落实。思想政治教育质量评价不仅注重量化测评，还应是对高校思想政治教育质量的整体强调。必须从指标体系设计、资料收集、比较分析、做出判断和效果反馈等一系列环节构成的一个相对完整的结构体系，以突出思想政治教育工作质量评价的整体性构建。

---

① 冯刚. 高校思想政治教育工作质量评价的时代特点与展望［J］. 武汉：湖北社会科学，2021（1）：157–162.

三是不断完善思想政治教育工作质量评价的制度机制，提升保障性。思想政治教育工作质量评价是一项长期的系统工程。确保思想政治教育工作质量评价的长效运行是整个评价体系的本质要求和重要特征。不仅要自我评价、上级主管部门评价，还要包括第三方（社会）评价，并实施严格的评价制度。如对于已经明确的评价指标体系、评价内容、评价方法等要素以制度化形式确立下来，不仅形成规范化的文件，而且要着力形成推动文件执行落实的运行机制和动力系统和监督体系，以此来保证思想政治教育工作质量评价的可持续发展。

第四节 新时代高校思想政治教育发展质量评价的改进设想

新时代高校思想政治教育发展质量评价取得了较大的发展，但还有进一步改进的空间，主要表现在三个方面。第一，评估的理论基础研究有待进一步加强。思想政治教育评估的目标体系、指标体系、标准体系、权重分配等问题都要有科学的理论作指导。评估实践证明，不同的学校之所以有不同的指标设置和权重分配以及校与校之间的评估缺乏可比性，其根本原因就是没有建立起坚实的理论基础。第二，评估的方法有待充分考虑思想政治教育学科的特点。人的思想行为无论从表现上还是从所表述它的概念上都存在着很大的模糊性。这就要求在评估的方法操作上应用模糊理论进行处理，再利用模糊的定量结果作出定性的解释，这样才完成了定性定量的辩证统一，才符合人的思想发展规律。使人的思想行为完全数字化，违背了思想教育的规律。第三，指标体系烦琐如何简化、多头评价如何形成合力，也是值得研究解决的问题。这就必须研究高校思想政治教育质量标准与如何确定评价体系的关系、如何科学开展评价以及如何通过质量评价提升人才培养质量等问题。

一、新时代高校思想政治教育发展质量评价改进的原则

新时代高校思想政治教育发展质量评价改进应遵循理论指导与政策依据相结合、过程评价与结果评价相结合、定性评价与定量评价相结合、常规方法评价与新技术方法评价相结合、单项评价与综合评价相结合、自评纠偏与检查整改相结合的原则。

理论指导与政策依据相结合的原则。开展高校思想政治教育发展质量评价，必须以马克思主义理论为指导，以我们党主要领导人的相关论述为支撑，以思想政治教育相关政策法规为来源依据，只有这样，才能保证思想政治教育发展质量评价沿着正确的方向发展，并且保证评价得出的结论的正确性，进而为思想政治教育工作的进一步完善提供有力保障。

过程评价与结果评价相结合的原则。结果评价是一个时间单元结束时开展的评价，提供了教育效果达到什么水平的证据，评价设计和实施都相对严谨严格。基础教育阶段的结果评价最具有代表性的是中高考，考试的结果在很大程度上决定了学生的教育机会和人生发展，以学科考试为核心手段的结果评价是一种重要的人才选拔方式。而思想政治教育的结果评价则是教育者和受教育者政治、思想、道德、心理诸素质的高低，不是一次考试可以断定的。过程评价是在一个时间单元的中间部分发生的，且在这个时间段内可以多次开展，可以是正式的，也可以是非正式的，思想政治教育的过程评价如课堂教育情况、日常教育情况等。国外一般将过程评价称为形成性评价，有塑造的含义，主要功能是为师生改进教与学提供信息或者证据。结果评价和过程评价二者不是互斥的，随着时间段的长度变化、任务和目标的变化，可以互相转换。因此新时代高校思想政治教育发展质量评价改进应将过程评价与结果评价结

合起来。

定性评价与定量评价相结合的原则。定性评估和定量评估是全面评估对象质和量两方面的需要。定性评估，不是采用数学的方法，而是根据评价者对评价对象平时的表现、现实状态或文献资料的观察和分析，直接对评价对象做出定性结论的价值判断；而定量评估是采用数学的方法收集数据资料，对评价对象做出定量结果的价值判断。定性评估重质，定量评估重量。思想政治教育现象是复杂的，人的思想道德素质不可能精确计算。因此，新时代高校思想政治教育发展质量评价要将定性和定量两种方法结合起来。

常规方法评价与新技术方法评价相结合的原则。高校思想政治教育质量评价工作所采用的一些常规方法，如访谈、问卷调查等，经过实际评估工作的实践和验证，在高校思想政治教育质量评价工作中发挥了比较大的作用。而随着数智技术的发展，常规方法评价与新技术方法评价相结合成为创新评价方式的重要内容。一方面，应在高等学校思想政治教育评估过程中运用大数据技术，对思政课程教学质量、学生思想状况进行量化评估；另一方面，又不能唯数据论，毕竟单纯的数据评估并不能完整、充分地展现出思政教育的全貌。所以需要将利用大数据评估与常规评估有效结合，以保证评估结果的科学性。

单项评价与综合评价相结合的原则。单项评价指思想政治教育某一项工作的评价，如马克思主义理论学科的评价、马克思主义学院的评价、思想政治理论课的评价、辅导员工作的评价等。综合评价指综合思想政治教育各项工作，将过程与结果结合在一起的评价。新时代高校思想政治教育发展质量的综合评价要充分运用单项评价的成果，将单项评价与综合评价结合，简化综合评价的重复性。

自评纠偏与检查整改相结合的原则。开展质量评价的目的是促进新时代高校思想政治教育高质量发展。因此在进行思想政治教育质量评估时，应充分注重评估的发展性，以推动教育的持续改进和发展。质量评价的目的不仅在于评估效果，更在于指导实践，应将评价结果及时反馈给相关部门和人员，以便及时调整教育策略和方法。因此，在上级检查评估部门进行评估之前，应提前一段时间（3 个月到半年）进行评估背景、意义、目标、指标体系、评估程序的宣传，启动各高校的自评。各高校在自评的基础上发现问题，自行纠偏整改，然后向上级部门提出评估申请。上级检查评估部门派出评估专家组开展评估，总结成绩，发现问题，列出问题清单，进行整改。3 个月或半年以后再回头看问题清单整改情况，以促进高校思想政治教育高质量发展。

二、新时代高校思想政治教育发展质量评价指标体系的调整

遵循理论指导与政策依据相结合、过程评价与结果评价相结合、定性评价与定量评价相结合、常规方法评价与新技术方法评价相结合、单项评价与综合评价相结合、自评纠偏与检查整改相结合的新时代高校思想政治教育发展质量评价改进的原则，我们试图将综合评价的指标体系进行调整。

调整思路是将过程评价即高校思想政治教育介体环体发展质量的评价与结果评价即高校思想政治教育主客体发展的评价结合起来，纳入单项评价结果开展综合评价，形成定性评价与定量评价相结合的指标体系，并通过自评、上级抽查、社会第三方评价机构评价相结合的方式开展高校思想政治教育发展质量评价。

我们将指标体系简化为 5 个一级指标（过程 4 项、结果 1 项）、17 个二级指标（过程 15 项、结果 2 项）。

结果评价占 40%。一级指标为"教育效果"，即高校思想政治教育主客体发展的评价的内容与指标体系。以思想水平、政治觉悟、道德修养、心理素质、人文素养等作为指标，以对教育具体内容的认同与践行作为考核内容，分别赋予权重。同时以校园安全稳定的客观状况为教育效果的现象反映。该 2 项二级指标为教育效果，权重各为 20%。一级指标"教育效果"权重共占 40%。

过程评价占 60%。即高校思想政治教育介体环体发展质量的评价的内容与指标体系。根据思想政治教育发展质量的内容要素——"教育领导""教育队伍""教育实施""教育保障"，设 4 个一级指标。每个一级指标下设若干二级指标，共计 15 项，分别赋予权重，共占 60%。

调整后的指标体系详见表 1。

表 1　新时代高校思想政治教育发展质量评价指标体系

一级指标	二级指标	测评标准	测评方式
1. 教育领导	1.1 工作定位与思路	1. 高校思想政治教育工作纳入学校事业发展规划 2. "立德树人"在学校人才培养方案中有具体体现 3. 有全员、全过程、全方位育人的明确思路	材料审核
		符合上述三项标准为 A；符合其中两项为 B；符合其中一项为 C；其余情形为 D	
	1.2 领导体制与工作机制	1. 建立由学校主要负责人担任组长的高校思想政治教育工作领导小组，每学期至少召开一次专门工作会议 2. 学校将大学生思想政治教育与教学、科研、社会服务工作同时部署，同时检查，同时评估 3. 学校有关部门有明确的大学生思想政治教育工作职责并完成相应任务 4. 学校党政主要领导每年分别到堂听思想政治理论课≥4 学时	材料审核
		符合上述四项标准为 A；符合其中三项为 B；符合其中二项为 C；其余情形为 D	

续表

一级指标	二级指标	测评标准	测评方式
2. 教育队伍	2.1 党政干部及共青团干部及思想政治工作队伍	1. 对学校党政干部及共青团干部及思想政治工作组织、协调、实施大学生思想政治教育工作有明确要求和年度考核 2. 对党政干部及共青团干部及思想政治工作人员从事思想政治理论课、大学生党课团课等教学有具体管理措施 3. 专职党务工作人员和思想政治工作人员总数与全校师生人数比例≥1：100 4. 生均党务工作和思想政治工作队伍建设专项经费≥20元	材料审核
		符合上述四项标准为A；基本符合三项标准为B；符合二项标准为C；其余情形为D	
	2.2 思想政治理论课与哲学社会科学课教师队伍	1. 实行思想政治理论课专任教师任职资格准入制，专任教师按不低于师生1：350的比例配备 2. 思想政治理论课专业技术职务高级岗位的比例不低于学校重点学科高级岗位设置的平均水平，且不得挪作他用 3. 对思想政治理论课专任教师的专业技术职务评定，注重考核教学能力和教学实绩 4. 按照要求选送思想政治理论课专任教师和哲学社会科学课教学科研骨干参加全国和省（区、市）培训、研修，每学年至少安排1/4专任教师开展社会实践和学习考察活动	1、2、3材料审核，4材料审核与实地考察。
		符合上述四项标准为A；符合1和其余标准中一至二项为B；符合其中一项为C；其余情形为D	

续表

一级指标	二级指标	测评标准	测评方式
2. 教育队伍	2.3 辅导员、班主任队伍	1. 按师生比不低于1∶200的比例设置一线专职辅导员岗位，研究生配备有专职辅导员 2. 每个班级配有兼职班主任或指导教师 3. 对辅导员专业技术职务单列指标，单设标准，单独评审 4. 落实辅导员相应职级、职数和待遇，并定期评选表彰优秀辅导员、班主任，并纳入教师表彰体系	材料审核
		符合上述四项标准为A；符合1和其余标准中一至二项为B；符合其中一项为C；其余情形为D	
3. 教育实施	3.1 思想政治理论课教育教学	1. 独立设置直属学校领导的、与学校其他二级院（系）行政同级的二级机构，并配齐机构主要负责人 2. 思想政治理论课建设列入学校事业发展规划，作为学校重点课程建设 3. 落实规定的思想政治理论课规定课程和学分及对应的课堂教学学时 4. 使用马克思主义理论研究和建设工程重点教材高校思想政治理论课统编教材 5. 实践教学纳入思想政治理论课教学计划，建有相对稳定的校外实践教学基地，实践教学覆盖大多数学生 6. 形势与政策课作为必修课列入教学计划，落实规定的课时和学分	1、2、4、6材料审核，3、5材料审核与实地考察。包括线上线下听课，调阅学校督导听课评价表和报告，等。
		符合上述六项标准为A；符合1和其余标准中三至四项为B；符合其中三项为C；其余情形为D	

续表

一级指标	二级指标	测评标准	测评方式
3. 教育实施	3.2 课程思政教育教学	1. 学校设置课程思政教育教学领导小组或研究中心 2. 课程思政建设列入学校事业发展规划，有作为学校重点课程建设的课程思政示范课程、课程思政示范中心、课程思政教学名师和团队 3. 课程思政理念深入全体教师思想，并有课程设计与实施	材料审核与实地考察。包括线上线下听课，调阅学校督导听课评价表和报告，等。
		符合上述三项标准为 A；符合其中两项为 B；符合其中一项为 C；其余情形为 D	
	3.3 日常思政教育	1. 开展习近平新时代中国特色社会主义思想的宣传教育 2. 开展党的基本理论、基本路线、基本纲领和基本经验教育以及党史宣传教育 3. 利用重要节庆日、重大事件，开展爱国主义教育、民族团结教育 4. 开展学习与践行社会主义核心价值观的教育 5. 开展中华优秀文化教育	材料审核与实地考察
		符合上述五项标准为 A；符合其中四项为 B；符合其中三项为 C；其余情形为 D	
	3.4 实践育人	1. 将实践育人工作纳入学校教学计划，落实规定的学时学分 2. 建立相对稳定的实践育人基地 3. 有学生参加社会实践活动的年度计划，定期组织开展社会实践活动 4. 支持、组织学生开展志愿服务和公益活动，深入开展学雷锋活动 5. 开展国防宣传教育，将军事训练纳入必修课 6. 及时表彰宣传实践育人先进典型，定期召开实践育人经验交流会	1、3、4、5、6 材料审核，2 材料审核与实地考察。
		符合上述六项标准为 A；符合其中四项为 B；符合其中三项为 C；其余情形为 D	

续表

一级指标	二级指标	测评标准	测评方式
3. 教育实施	3.5 网络思想政治教育	1. 有网络思想政治教育总体规划 2. 建有思想政治教育专题网站，积极推进大学生网络社区建设，开展网络思想政治教育活动 3. 有专门的网络用户归口管理部门，有完善的校园网络舆情监控工作机制，并配备专职工作人员 4. 有校园网站登记、备案制度，实行用户上网实名注册 5. 生均网络思想政治教育经费≥40元	1材料审核，2、3、4材料审核与网络考察。
		符合上述五项标准为A；符合其中四项为B；符合其中三项为C；其余情形为D	
	3.6 心理健康教育	1. 有校级心理健康教育和心理咨询机构，有专门的心理咨询场所 2. 按师生比不低于1：4000的比例配备专职从事心理健康教育的教师，且不少于2名 3. 有用于大学生心理健康教育和心理咨询的专项经费 4. 面向全校学生开设心理健康教育必修课或选修课，形成系列课程体系 5. 建立有校、院（系）、学生班级三级心理健康教育工作网络，有学生心理危机预防与干预体系 6. 每年开展新生心理健康普查，在校学生建有心理健康档案 7. 定期开展心理健康宣传教育活动	2、3、4、6、7材料审核，1、5材料审核与实地考察。
		符合上述七项标准为A；符合1和其余标准中四至五项为B；符合其中四项为C；其余情形为D	
	3.7 资助育人	1. 有学生资助工作机构和专职工作人员 2. 家庭经济困难学生资助经费达到学校事业收入的4%，经费做到专款专用 3. 建立资助育人机制，宣传表彰优秀家庭经济困难学生	2、3材料审核，1材料审核与实地考察。
		符上述三项标准为A；符合其中二项为B；符合其中一项为C；其余情形为D	

续表

一级指标	二级指标	测评标准	测评方式
4. 教育保障	4.1 教育机构与水平	1. 马克思主义学院建设情况 2. 马克思主义理论学科评估情况	材料审核
		以上述二项上一轮评价标准为准。	
	4.2 学生教育活动设施建设	1. 建有专门的学生活动用房，有完善的活动设施并得到充分利用 2. 学生宿舍楼或生活园区设有学生党团活动室	材料审核与实地考察
		符合上述二项标准为 A；符合其中一项为 C；其余情形为 D	
	4.3 经费投入	1. 大学生思想政治教育工作经费设立专门预算科目，经费做到专款专用 2. 大学生思想政治教育工作经费占学校上一年度政府拨给的事业费和收缴的学生培养费或学杂费总收入比例应逐年增长	材料审核
		符合上述二项标准为 A；符合其中的一项为 C；其余情形为 D	
5. 教育效果	5.1 学生素质状况	1. 思想水平 2. 政治觉悟 3. 道德修养 4. 心理素质 5. 人文素养 6. 近五年优秀毕业生案例	问卷调查、心理测试、座谈、材料审核等。
		以对 1—5 个方面教育具体内容的认同与践行作为考核内容；6 由学校就业部门提供	
	5.2 校园安全稳定	1. 有维护安全稳定的综合防控机制和突发事件紧急处置预案 2. 有校园舆论阵地建设与管理办法，有哲学社会科学研讨会、报告会、论坛等审批制度 3. 按需要设置校园安全标识，校园安全通道畅通	1、2、4、5、6、7 材料审核，3 实地考察，8 材料审核与实地考察。

续表

一级指标	二级指标	测评标准	测评方式
5. 教育效果	5.2 校园安全稳定	4. 有抵御和防范利用宗教对学校进行渗透的措施和办法，并有抵御和防范境内外敌对势力对学校进行渗透和破坏的措施和办法 5. 有与当地党委政府及有关部门的信息沟通制度 6. 经常性开展学生安全和稳定教育 7. 能及时处理教师师德问题与学生品德问题 8. 近三年无重大安全稳定责任事故	1、2、4、5、6、7材料审核，3实地考察，8材料审核与实地考察。
		第八项为一票否决，有重大安全稳定责任事故为 D；符合第八项且其余标准中符合五至六项为 A；符合第八项且其余标准中符合三至四项为 B；符合第八项且其余标准中符合两项为 C；其余情形为 D	
测评结果		根据过程 15 项二级指标获得 A 的总数（用 X 表示），得出测评结果：X≥10，二级指标无 C 或 D，结论为 A；X≥8，且二级指标无 D，结论为 B；X≥8，结论为 C；其余情形为 D。占 60%。 结果 2 项二级指标，各占 20%，共占 40%。 综合评定等级：	

根据以上 17 项指标，进行师生员工对学校思想政治教育协同发展、持续发展和有效性的满意度问卷调研，作为高校思想政治教育发展质量评价的参考。见表 2。

表 2　新时代高校思想政治教育发展质量满意度问卷调查

尊敬的受访者：

您好！

感谢您在百忙之中抽出宝贵的时间参与我们的调研。为了更好地了解您对学校思想政治教育协同发展、持续发展和有效性的满意度，以及探讨如何进一步提升其质量和效果，我们特别开展了此次调研。

请在下列问题中符合您的感受项中打"√"。您的意见和建议对我们至关重要。我们承诺，您的回答将仅用于统计分析，并严格保密。我们希望通过这次调研，能够更全面地了解您对于学校思想政治教育各方面的看法和感受，从而为我们未来的工作提供有价值的参考。

再次感谢您的参与和支持！

您的身份：学生_____思政课教师_____专业课教师_____党政干部_____

辅导员（班主任）_____学校管理人员和服务人员_____

调查问题	非常满意	满意	一般	不满意	非常不满意
1. 您对学校思政工作的定位与思路满意吗？					
2. 您对学校思政工作的领导体制与工作机制满意吗？					
3. 您对学校党政干部及共青团干部队伍满意吗？					
4. 您对学校思想政治理论课与哲学社会科学课教师队伍满意吗？					
5. 您对学校辅导员、班主任队伍满意吗？					
6. 您对学校思想政治理论课教育教学满意吗？					
7. 您对学校课程思政教育教学满意吗？					
8. 您对学校日常思政教育满意吗？					
9. 您对学校实践育人工作满意吗？					
10. 您对学校网络思想政治教育满意吗？					
11. 您对学校心理健康教育满意吗？					
12. 您对学校学生资助工作满意吗？					

续表

调查问题	非常满意	满意	一般	不满意	非常不满意
13. 您对学校马克思主义学院和学科建设满意吗？					
14. 您对学校学生教育活动设施建设满意吗？					
15. 您对学校大学生思想政治教育工作经费投入满意吗？					
16. 您对学校学生素质状况满意吗？					
17. 您对学校校园安全稳定状况满意吗？					
18. 您对加强学校思想政治教育工作有哪些建议或意见？					

我们认为，改进调整后的新时代高校思想政治教育发展质量评价指标体系和满意度调查有以下特点。

一是在评价内容上，注重综合性。这个指标体系是综合了高校思想政治教育的教育理念、教育内容、教育途径、条件保障和教育效果各个方面的指标体系，它评价的是对标新时代国家要求的高校思想政治教育的整体工作，而不是单项工作，具有综合性。这个指标体系关注受教育者的全面发展，包括思想水平、政治觉悟、道德修养、心理素质、人文素养等多个方面，并要求学生就业部门提供近五年优秀毕业生案例，既看学生的在校表现，又看毕业后用人单位的评价，具有综合性。同时评价指标体系和满意度调查涵盖了思想政治教育的要素评价、过程评价和结果评价，具有综合性。

二是在评价方法上，注重多元性。思想政治教育质量评价是对教育过程和教育效果进行的系统分析和判断，其目的在于提高思想政治教育的针对性和实效性。因此在评价方法上要注重多元性。改进调整后的新时代高校思想政治教育发展质量评价指标体系和满意度调查注重了定性与定量分析相结合。定性分析主要依赖于评价者的主观判断和经验，通过对教育过程和教育结果的深入观察和理解，形成对教育质量的整体印象。材料审查与实地考察属于定性分析。定量分析则通过收集数据，运用统计方法进行分析，从而得出相对客观的评价结论。问卷调查、心理测试、线上考核等属于定量分析。两者相辅相成，可以互为补充。我们将线上评价与线下评价结合起来。评价内容如材料审核，既可以在线下进行，也可以在线上进行，评价方法可以视情况灵活选择。我们还将过程评价与结果评价结合起来，这样的评价可以全面反映思想政治教育的质量。

三是在评价实施上，注重发展性。评价的发展性强调以发展的眼光看待思想政治教育，不仅关注当前的教育质量，更着眼于未来的改进和提升。发展性评价强调评估结果的反馈与运用。因此要注重自评与他评的结合。如前所述，我们提出，在上级检查评估部门进行评估之前，应提前一段时间进行评估宣传，启动各高校的自评。各高校在自评的基础上自行纠偏整改，然后向上级部门提出评估申请。上级检查评估部门派出评估专家组开展评估，列出问题清单，进行整改。过一段再回头看问题清单整改情况。这样，使评估与改进形成一个良性的循环，推动思想政治教育质量的不断提升。

结　语

　　本课题以新时代高校思想政治教育发展质量研究为研究对象，从分析新时代思想政治教育教育面临的时代方位入手，通过对高校思想政治教育发展现状的调研，了解思想政治教育发展质量存在的问题与原因。在马克思主义理论、习近平新时代中国特色社会主义思想、思想政治教育学科理论指导下开展研究，旨在厘清新时代高校思想政治教育发展质量概念的内涵、本质与结构要素，探索推动高校思想政治教育发展质量提高的举措，并对发展质量评价进行探讨。

一、研究的问题

　　通过研究，主要解决了以下问题。

　　一是概念研究。厘清了新时代高校思想政治教育发展质量概念的内涵、本质与结构要素，新时代高校思想政治教育发展质量是指党的十八大以来高校思想政治教育发展的水平高低和效果优劣的程度。思想政治教育发展质量即思想政治教育主体、客体、内容、方法、载体、环境的发展满足社会的发展和人的全面发展的程度。其本质是高校思想政治教育的发展满足社会发展和人的发展需要程度的统一，是立德树人目标的达成程度。其结构要素包括教育内容、实施路径、队伍建设、人才培养、社会服务等内容要素与均衡度、持续度、覆盖度、有效度、满意度等程度要素。

　　二是问题研究。通过文献查询了解新时代国家有关高校思想政治教育发展质量检查评估情况。通过现实和网络调研了解新时代湖南省高校师生主流意识形态认同现状和思想政治教育状况。在此基础上分析新时代高校思想政治教育高质量发展的现状与问题。新时代高校思想政治教育高质量发展存在的主要问题：第一，高校党委对高校思想政治教育工作的认识有待进一步提高。第二，高校思想政治理论课教学改革和课程思政工作需进一步增强实效性。第三，互联网对高校思想政治教育工作的影响应引起高度重视。第四，高校思想政治教育工作者综合素质有待进一步提高。

三是举措研究。针对新时代高校思想政治教育发展质量提升的问题与制约因素，探索了推动高校思想政治教育发展质量提高的举措。认为新时代高校思想政治教育发展质量提升的内容着力点是以习近平新时代中国特色社会主义思想为指导筑牢思想基础，以实现"中国梦"为核心坚定理想信念，以社会主义核心价值观为引领凝聚价值理念，以坚定"四个自信"为重点提高政治觉悟，以"明大德"为基础培养道德品质，以"建设社会主义法治国家"为统领提升法治素养，以培育人文素养为补充促进大学生全面发展。新时代高校思想政治教育在路径发展方面的时代拓展表现为学术研究与学科建设引领，思政课程与课程思政同行，传统媒体与新兴媒体整合，心理育人与思想道德育人并重，文化育人增强文化自信，实践育人拓宽视野才干。新时代高校思想政治教育发展的保障机制包括管理育人制度、服务育人制度、资助育人制度和组织育人制度。

四是质量评价研究。在对新时代高校思想政治教育发展质量评价探讨的基础上，提出了质量评价改进的原则，即理论指导与政策依据相结合、过程评价与结果评价相结合、定性评价与定量评价相结合、常规方法评价与新技术方法评价相结合、单项评价与综合评价相结合、自评纠偏与检查整改相结合的原则。并对新时代高校思想政治教育发展质量评价指标体系进行了调整改进。

二、研究的结论

通过研究，我们得出结论，即新时代高校思想政治教育高质量发展要坚持党的领导、加强学科研究、抓住内容着力点、拓展发展路径、注重效果评价，并拓宽国际视野。

第一，新时代高校思想政治教育高质量发展要坚持党的领导。历史和实践充分证明，坚持中国共产党领导，是实现中华民族独立解放进而实现民族复兴的最鲜明特征和最突出优势，也是推进新时代高校思想政治教育高质量发展必须坚持的首要原则。党的领导直接关系新时代高校思想政治教育发展的根本方向、前途命运、最终成败。新征程上，坚决维护党中央权威和集中统一领导，把党的领导落实到新时代高校思想政治教育发展各方面各环节，才能确保高校思想政治教育高质量发展的正确方向，不断开辟思想政治教育的新境界。高校思想政治教育高质量发展坚持党的领导首先要以习近平新时代中国特色社会主义思想为指导，不但要将习近平新时代中国特色社会主义思想进教材、进课堂、进学生头脑，而且应落实到新时代高校思想政治教育发展各方面各环节。其次，要贯彻落实好党中央、国务院、中宣部、教育部关于新时代高校思想政治教育发展的指示和文件，牢牢掌握意识形态的领导权。最后，高校各级党组织和广大党员干部要牢固树立抓好思想政治教育是本职、不抓是失职、抓不好是不称职的思想，充分认识思想政治教育在中国特色社会主义事业中的"生命线"地位，切实将思想政治教育作为主责主业，与中心工作同研究、同部署、同推动、同考评。

第二，新时代高校思想政治教育高质量发展要加强学科研究。学科研究是探索规律的工作。新时代高校思想政治教育只有把握了规律，才可能高质量发展。首先，要深化学科研究的内容。学科内容的深化是支撑学科可持续发展的关键，这就必须加强理论研究。习近平指出："中国共产党坚持马克思主义基本原理，坚持实事求是，从中国实际出发，洞察时代大势，把握历史主动，进行艰辛探索，不断推进马克思主义中国化时代化，指导中国人民不断推进伟大社会革命。"① 党的思想政治教育理论研究必须深化，其他借鉴理论的研究也应深化，还必须加强实践研究和问题研究。其次要丰富学科研究的方法。掌握有效的研究方法是推动学科进一步壮大的前提条件，研究方法的创新是推动思想政治教育学科发展的关键活力。学科范式研究方法、理论构建研究方法、科学逻辑研究方法、交叉学科研究方法等作为思想政治教育研究的传统方法，为学科的建立和发展奠定了方法论基础。随着时代进步，思想政治教育研究方法必须不断丰富和创新。最后，要创新学科研究的思维。除了坚持传统的历史思维、辩证思维外，还应加强系统思维、对象思维、大数据思维等。

第三，新时代高校思想政治教育高质量发展要抓住内容着力点。中国共产党的思想政治教育，其内容演进经历了开端、初步定型、日渐成熟、曲折前行、科学发展和开拓创新的历程，成为党的工作的生命线和引领时代发展的精神灵魂。十八大以来我国思想政治教育在内容方面的守正创新正是抓住了内容的着力点，主要包括如下方面：一是以习近平新时代中国特色社会主义思想为指导筑牢思想基础，二是以实现"中国梦"为核心坚定理想信念，三是以社会主义核心价值观为引领凝聚价值理念，四是以坚定"四个自信"为重点提高政治觉悟，五是以"明大德"为基础培养道德品质，六是以"建设社会主义法治国家"为统领提升法治素养，七是以培育人文素养为补充促进大学生全面发展。新时代高校思想政治教育内容发展的突出特点是：把握方向，将继承传统和开拓创

---

① 习近平. 在庆祝中国共产党成立 100 周年大会上的讲话 [N]. 人民日报，2021-07-02 (2).

新有机地结合起来；明确目的，将国家目标和大学生期待有机地结合起来；注重差异，将先进性要求和广泛性要求有机地结合起来；增强实效，将讲好中国故事和解决好大学生的实际问题有机地结合起来。

第四，新时代高校思想政治教育高质量发展要拓展发展路径并加强条件保障。新民主主义革命时期，党围绕救国大业探索思想政治教育的主要路径。社会主义革命和建设时期，党围绕建国大业发展思想政治教育的主要路径。改革开放新时期，党围绕强国大业改革思想政治教育的主要路径。中国特色社会主义新时代，党围绕强国大业创新思想政治教育的主要路径。新时代高校思想政治教育在路径发展方面既继承了新民主主义革命时期、社会主义革命与建设时期、改革开放新时期的有效经验，又根据新时代国内主要矛盾的变化、国际百年未有之大变局以及信息技术的飞速发展，适应时代特点进行了拓展创新。主要表现在学术研究与学科建设引领，思政课程与课程思政同行，传统媒体与新兴媒体整合，文化育人与社会实践共助，心理育人与思想道德育人并重。习近平总书记明确指出："学校思想政治工作不是单纯一条线的工作，而应该是全方位的。"① 要完善新时代高校思想政治教育发展的保障机制。新时代各高校基本形成了系统完备、逻辑严密、内在统一的保障机制。即"党委统一领导"是核心、"党政齐抓共管"是关键、"有关部门各负其责"是根本、"全社会协同配合"是基础的管理育人、服务育人、资助育人、组织育人的制度保障机制。

第五，新时代高校思想政治教育高质量发展要加强队伍建设。提高思想政治教育质量的方方面面工作要靠广大师生员工共同完成。要推动全员育人、全过程育人、全方位育人，必须建设高素质的思想政治工作

---

① 习近平．思政课是落实立德树人根本任务的关键课程［J］．求是，2020（17）：4-13.

队伍。这支队伍不仅包括广大教职员工，也包括广大学生。高校思想政治教育的教职员工队伍不仅包括思想政治理论课教师，也包括广大专业课教师；不仅包括学校党政干部、共青团干部、辅导员和班主任，也包括学校管理人员和服务人员。要加强思想政治教育，加强师德师风建设，调动广大教职员工开展思想政治教育的积极性、主动性、创造性。高校思想政治教育队伍还应包括广大学生党员、学生干部和积极分子。他们既是思想政治教育的受教育者，也可以发挥教育者的作用。要加强对他们的思想政治教育和综合素质训练，使他们成为新时代高校思想政治教育高质量发展中不可或缺的重要力量。

　　第六，新时代高校思想政治教育高质量发展要注重效果评价。科学正确的评价是推动思想政治教育学科发展的重要动力。教育评估是国际高等教育领域保障高校办学水平和人才培养质量的重要机制，已经成为国际高等教育治理的重要手段。美国、英国、法国、德国、日本、韩国等发达国家都在积极运用评估改善高校教育教学，促进高等教育健康发展，普遍建立起了高等教育质量保障法律法规体系和制度体系，开展课程质量评估、专业质量认证、院校评估、教学评价、科研评估等质量评估工作。值得我们在思想政治教育发展质量评价工作中借鉴。思想政治教育发展质量评价要坚持历史延续性和现实发展性相统一，坚持"在继承以往高校思想政治教育工作质量评测基本经验的基础上，结合时代发展特征、中国发展大势、学生发展特点，重点关注改革开放以来思想政治教育发展实际，从新时代高校思想政治教育的实际出发，在思想政治教育的基本要素、实践表现、对象需求和发展趋势中重点研判"[1]，推动学科评价的系统化。尤其是要及时将思想政治教育治理现代化等理念融入思想政治教育发展质量评价的思维逻辑之中，以贯彻落实《深

---

[1]　冯刚. 高校思想政治教育工作质量评价研究［M］. 北京：人民出版社，2020：12-13.

化新时代教育评价改革总体方案》为重要抓手，以"建立内容全面、指标合理、方法科学的思想政治工作测评体系"为目标指向，① 从教育领导、教育内容、教育实施、教育效能等维度实现评价的系统优化。

第七，新时代高校思想政治教育高质量发展要拓宽国际视野。拓宽国际视野是我们在促进新时代高校思想政治教育高质量发展中比较思维、开放思维、辩证思维和创新思维的有机统一。我们应通过提升师生思想水平、政治觉悟、道德品质、文化素养，以高效、持久地满足我国社会主义现代化强国建设需要，进而推动人类命运共同体构建的过程。在国际视野下，新时代高校思想政治教育高质量发展既要扎根中国又要面向世界。一是要研究世界百年之大变局的复杂形势对我国高校思想政治教育的挑战。在意识形态领域牢牢坚持马克思主义的一元指导地位，对各种西化思潮侵袭进行有力回击。在思想文化领域尊重、满足民众的多样文化需求，坚持一元思想指导与满足多样文化需求相统一。二是要借鉴国外教育与思想政治教育的先进理论和先进方法。在教育理论和方法上，既要以中国特色思想政治教育内容为主，又不要排斥国外先进文化为补充；既要在比较中凸显中国优势，又要在借鉴中守正创新。三是要研究中国思想政治教育的国际话语转换，提升中国思想政治教育的国际影响力。只有在拓宽国际视野中丰富中国思想政治教育话语体系，才能促进"中国声音""中国故事"的国际传播，这在国际国内形势复杂多变的当代显得尤为重要。总之，新时代高校思想政治教育的高质量发展对于我国意识形态国际话语权的提升和人类命运共同体的构建都具有重要的理论和实践意义。

---

① 中共中央国务院印发《关于新时代加强和改进思想政治工作的意见》[J]. 思想政治工作研究，2021（08）：18-19.

三、研究的展望

2022 年 10 月，中国共产党第二十次全国代表大会 13 次提及"高质量发展"，指出"五年来，我们坚持加强党的全面领导和党中央集中统一领导，全力推进全面建成小康社会进程，完整、准确、全面贯彻新发展理念，着力推动高质量发展，主动构建新发展格局"①。"高质量发展是全面建设社会主义现代化国家的首要任务。"② 将"实施科教兴国战略，强化现代化建设人才支撑"单列，作为新时代新征程的重要任务，指出："教育、科技、人才是全面建设社会主义现代化国家的基础性、战略性支撑。"③ 习近平总书记在二十届中央政治局第五次集体学习时强调："要坚持把高质量发展作为各级各类教育的生命线，加快建设高质量教育体系"。④

自思想政治教育学科创立伊始，质量问题就为学界所关注，并逐渐成为当前学界研究的热点和前沿问题。回顾过往，思想政治教育质量研究取得了较为丰硕的研究成果，推进了思想政治教育理论和实践的发展；展望未来，思想政治教育质量问题依然存在较大的研究空间，特别是在新的时代背景下，新时代高校思想政治教育发展质量，有待从多个方面进一步推动研究的深化。

---

① 习近平. 高举中国特色社会主义伟大旗帜为全面建设社会主义现代化国家而团结奋斗：在中国共产党第二十次全国代表大会上的报告 [M]. 北京：人民出版社，2022：2.

② 习近平. 高举中国特色社会主义伟大旗帜为全面建设社会主义现代化国家而团结奋斗：在中国共产党第二十次全国代表大会上的报告 [M]. 北京：人民出版社，2022：28.

③ 习近平. 高举中国特色社会主义伟大旗帜为全面建设社会主义现代化国家而团结奋斗：在中国共产党第二十次全国代表大会上的报告 [M]. 北京：人民出版社，2022：33.

④ 习近平在中共中央政治局第五次集体学习时强调 加快建设教育强国 为中华民族伟大复兴提供有力支撑 [EB/OL]. 央视网新闻频道，2023-05-29.

一是要进一步夯实新时代高校思想政治教育发展质量的基础理论研究。要进一步深入研究高质量发展五大理念在新时代高校思想政治教育高质量发展上的具体体现。要进一步深入研究加快发展新质生产力进程中思想政治教育理论的同步发展。要进一步深化和不断完善对发展质量内涵、结构要素、评价体系，特别是监督体系的研究。

二是要进一步深化新时代高校思想政治教育发展质量的实践研究。要在注重高校思想政治教育发展质量提升的路径、方法、载体、制度等优化研究的基础上，总结经验、补齐短板、固化成果，不断健全权威高效的制度衔接机制、执行机制、监督机制，不断提升思想政治教育治理效能，以不断提升新时代高校思想政治教育发展质量。

三是要进一步拓展新时代高校思想政治教育发展质量研究的学科视野和国际视野。哲学、管理学、经济学、教育学等领域的研究者对质量问题研究的起步较早，相关研究已比较成熟，但目前思想政治教育学界关于质量问题的研究对管理学、经济学、哲学、教育学等研究成果的借鉴、转化、再创新还不够深入，多数研究成果对思想政治教育质量的研究局限于本学科之内，缺乏多学科视角观照。而拓展新时代高校思想政治教育发展质量研究的学科视野显得尤为重要。同时还要进一步拓展研究的国际视野。既要善于在比较中突显优势，又要善于在借鉴中融合创新。而宽广的国际视野需要深厚的知识视野和深邃的历史视野支撑。研究者扎实的理论功底、跨文化的知识储备、厚重的历史积累都是必不可少的。

新时代高校思想政治教育高质量发展，作为一种理念、一种状态，是一个持续不断的运动过程。这就意味着思想政治教育发展质量不是一劳永逸之事，需要不断提升。这也意味着，思想政治教育发展质量提升面临的问题、应有的样态、推进的举措不是一成不变的，应根据形势的变化、认知的拓展和实践的深化不断调整、充实和完善。因此高校思想政治教育发展质量研究亟待进一步深化。

参考文献

一、经典著作类

［1］中共中央马克思恩格斯列宁斯大林著作编译局．马克思恩格斯全集：第1卷［M］．北京：人民出版社，1995．

［2］中共中央马克思恩格斯列宁斯大林著作编译局．马克思恩格斯全集：第2卷［M］．北京：人民出版社，1995．

［3］中共中央马克思恩格斯列宁斯大林著作编译局．马克思恩格斯全集：第3卷［M］．北京：人民出版社，1995．

［4］中共中央马克思恩格斯列宁斯大林著作编译局．马克思恩格斯全集：第12卷［M］．北京：人民出版社，1995．

［5］中共中央马克思恩格斯列宁斯大林著作编译局．马克思恩格斯选集：第1卷［M］．北京：人民出版社，1995．

［6］中共中央马克思恩格斯列宁斯大林著作编译局．马克思恩格斯选集：第2卷［M］．北京：人民出版社，1995．

［7］中共中央马克思恩格斯列宁斯大林著作编译局．马克思恩格斯选集：第3卷［M］．北京：人民出版社，1995．

［8］中共中央马克思恩格斯列宁斯大林著作编译局．马克思恩格斯选集：第4卷［M］．北京：人民出版社，1995．

［9］中共中央马克思恩格斯列宁斯大林著作编译局 . 马克思恩格斯文集：第 1 卷 ［M］. 北京：人民出版社，2009.

［10］中共中央马克思恩格斯列宁斯大林著作编译局 . 列宁全集：第 1 卷 ［M］. 北京：人民出版社，1984.

［11］中共中央马克思恩格斯列宁斯大林著作编译局 . 列宁全集：第 2 卷 ［M］. 北京：人民出版社，1984.

［12］中共中央马克思恩格斯列宁斯大林著作编译局 . 列宁全集：第 3 卷 ［M］. 北京：人民出版社，1984.

［13］中共中央马克思恩格斯列宁斯大林著作编译局 . 列宁全集：第 4 卷 ［M］. 北京：人民出版社，1984.

［14］中共中央马克思恩格斯列宁斯大林著作编译局 . 列宁选集：第 1 卷 ［M］. 北京：人民出版社，1995.

［15］毛泽东 . 毛泽东文集：第 2 卷 ［M］. 北京：人民出版社，1999.

［16］毛泽东 . 毛泽东文集：第 3 卷 ［M］. 北京：人民出版社，1999.

［17］毛泽东 . 毛泽东文集：第 4 卷 ［M］. 北京：人民出版社，1999.

［18］毛泽东 . 毛泽东文集：第 5 卷 ［M］. 北京：人民出版社，1999.

［19］毛泽东 . 毛泽东文集：第 6 卷 ［M］. 北京：人民出版社，1999.

［20］毛泽东 . 毛泽东文集：第 7 卷 ［M］. 北京：人民出版社，1999.

［21］毛泽东 . 毛泽东文集：第 8 卷 ［M］. 北京：人民出版社，1999.

［22］毛泽东 . 毛泽东选集：第 1 卷 ［M］. 北京：人民出版社，1999.

［23］毛泽东 . 毛泽东选集：第 2 卷 ［M］. 北京：人民出版社，1999.

［24］毛泽东 . 毛泽东选集：第 3 卷 ［M］. 北京：人民出版社，1999.

［25］毛泽东 . 毛泽东选集：第 4 卷 ［M］. 北京：人民出版社，1999.

［26］邓小平 . 邓小平文选：第 1 卷 ［M］. 北京：人民出版社，1994.

［27］邓小平 . 邓小平文选：第 2 卷 ［M］. 北京：人民出版社，1993.

［28］邓小平 . 邓小平文选：第 3 卷 ［M］. 北京：人民出版社，1994.

［29］江泽民．江泽民文选：第1卷［M］．北京：人民出版社，2006．

［30］江泽民．江泽民文选：第2卷［M］．北京：人民出版社，2006．

［31］江泽民．江泽民文选：第3卷［M］．北京：人民出版社，2006．

［32］习近平．习近平谈治国理政［M］．北京：外文出版社，2014．

［33］习近平．习近平谈治国理政：第1卷［M］．北京：外文出版社，2018．

［34］习近平．习近平谈治国理政：第2卷［M］．北京：外文出版社，2017．

［35］习近平．习近平谈治国理政：第3卷［M］．北京：外文出版社，2020．

［36］习近平．习近平谈治国理政：第4卷［M］．北京：外文出版社，2022．

［37］习近平．习近平著作选读：第1卷［M］．北京：人民出版社，2023．

［38］习近平．习近平著作选读：第2卷［M］．北京：人民出版社，2023．

［39］习近平．高举中国特色社会主义伟大旗帜为全面建设社会主义现代化国家而团结奋斗：在中国共产党第二十次全国代表大会上的报告［M］．北京：人民出版社，2022．

［40］中共中央宣传部．习近平总书记系列重要讲话读本［M］．北京：人民出版社，2014．

［41］中央档案馆．中国共产党第一次全国代表大会档案资料［M］．北京：人民出版社，1982．

二、专著类

［1］陈万柏，张耀灿．思想政治教育学原理［M］．北京：高等教

育出版社，2007.

[2] 冯刚，等．高校思想政治教育工作质量评价研究 [M]．北京：人民出版社，2020.

[3] 顾海良，佘双好．高校思想政治理论课课程教学改革研究 [M]．武汉：武汉大学出版社，2006.

[4] 顾海良．高等思想政治教育导论 [M]．武汉：武汉大学出版社，2006.

[5] 何东昌．中华人民共和国重要教育文献（1976—1990）[M]．海口：海南出版社，1998.

[6] 胡凯．网络思想政治教育心理研究 [M]．长沙：中南大学出版社，2016.

[7] 黄蓉生．当代思想政治教育方法论研究 [M]．重庆：西南大学出版社，2000.

[8] 教育部社会科学司．普通高校思想政治理论课文献选编（1949—2006）[M]．北京：中国人民大学出版社，2007.

[9] 教育部社会科学研究与思想政治工作司．高校思想政治理论课实践教学的探索与思考 [M]．北京：高等教育出版社，2005.

[10] 刘新庚．现代思想政治教育方法论 [M]．北京：人民出版社，2006.

[11] 骆郁廷．当代大学生思想政治教育 [M]．北京：中国人民大学出版社，2010.

[12] 马云霞．"互联网+"时代高校思想政治教育研究 [M]．北京：人民日报出版社，2017.

[13] 沈壮海．思想政治教育有效性研究 [M]．武汉：武汉大学出版社，2001.

[14] 孙其昂．思想政治教育学前沿研究 [M]．北京：人民出版

社，2013.

[15] 唐亚阳，等 . 网络思想政治教育学 [M]. 北京：人民出版社，2016.

[16] 王承哲 . 意识形态与网络综合治理体系建设 [M]. 北京：人民出版社，2018.

[17] 王瑞荪 . 比较思想政治教育学 [M]. 北京：高等教育出版社，2001.

[18] 王玄武，骆郁廷 . 思想政治教育道德教育比较研究 [M]. 武汉：武汉大学出版社，2002.

[19] 王学俭 . 现代思想政治教育前沿问题研究 [M]. 北京：人民出版社，2008.

[20] 杨德广，谢安邦 . 高等教育学 [M]. 北京：高等教育出版社，2009.

[21] 袁贵仁 . 价值观的理论与实践：价值观若干问题的思考 [M]. 北京：北京师范大学出版社，2006.

[22] 曾长秋，薄明华 . 网络德育学 [M]. 长沙：湖南人民出版社，2012.

[23] 张平 . 新媒体环境下大学生主流意识形态认同研究 [M]. 长沙：中南大学出版社，2019.

[24] 张耀灿，郑永廷，吴潜涛，等 . 现代思想政治教育学 [M]. 北京：人民出版社，2006.

[25] 郑永廷 . 社会主义意识形态发展研究 [M]. 北京：人民出版社，2002.

[26] 郑永廷 . 思想政治教育方法论 [M]. 北京：高等教育出版社，2010.

[27] 中央档案馆编 . 中共中央文件选集：第 1 册 [M]. 北京：中

共中央党校出版社，1989.

　　［28］中央档案馆编. 中共中央文件选集：第 2 册 ［M］. 北京：中共中央党校出版社，1989.

　　［29］中央档案馆编. 中共中央文件选集：第 3 册 ［M］. 北京：中共中央党校出版社，1989.

　　［30］中央档案馆编. 中共中央文件选集：第 4 册 ［M］. 北京：中共中央党校出版社，1989.

三、期刊文献类

　　［1］别敦荣. 新一轮普通高校本科教育教学审核评估方案的特点、特色和亮点 ［J］. 中国高教研究，2021 （3）.

　　［2］查方勇. 新时代高校思想政治教育质量提升的逻辑理路 ［J］. 思想理论教育导刊，2020 （7）.

　　［3］陈丹. 高校思想政治教育工作质量评价的知识借鉴 ［J］. 思想政治教育，2018 （4）.

　　［4］陈科，谢佳琼. 智能技术赋能思想政治教育质量评价的优势、限度与进路 ［J］. 思想理论教育，2023 （12）.

　　［5］陈占安. 关于加强高校思想政治理论课教师队伍建设的思考 ［J］. 思想理论教育，2008 （7）.

　　［6］邓卓明，宋明江. 新时代思想政治教育质量评价的六个维度 ［J］. 思想理论教育导刊，2020 （9）.

　　［7］冯刚，张智. 新时代高校思想政治教育工作质量评价指标体系设计的实证研究 ［J］. 思想教育研究，2021 （4）.

　　［8］冯刚. 高校思想政治教育工作质量评价的时代特点与展望 ［J］. 湖北社会科学，2021 （1）.

　　［9］冯刚. 推动新时代思想政治教育学科高质量发展 ［J］. 学校党

建与思想政治教育，2022（4）.

　　[10] 冯刚. 以百年党史丰厚底蕴引领思想政治教育学科高质量发展 [J]. 思想理论教育导刊，2021（10）.

　　[11] 顾海良. 新时代高校思想政治教育的理论指导和发展理念：学习习近平新时代中国特色社会主义思想 [J]. 思想理论教育导刊，2018（1）.

　　[12] 顾佩华，胡文龙，林鹏，等. 基于"学习产出"（OBE）的工程教育模式：汕头大学的实践与探索 [J]. 高等工程教育研究，2014（1）.

　　[13] 黄蓉生，刘云彬. "第二个结合"与思想政治教育高质量发展论略 [J]. 思想教育研究，2023（11）.

　　[14] 黄蓉生，颜叶甜，石海君. 新时代思想政治教育本科专业高质量发展：困境与策略 [J]. 重庆高教研究，2024（1）.

　　[15] 姜涛，鲁宽民. 新发展理念：习近平网络发展思想的基本遵循 [J]. 思想理论教育导刊，2018（3）.

　　[16] 蒋旭东. 马克思主义理论学科建设的重点要求：访全国高校马克思主义理论学科研究会会长靳诺教授 [J]. 马克思主义理论学科研究，2015（1）.

　　[17] 李刚，辛涛. 基础教育质量的内涵与监测评价理论模型 [J]. 华东师范大学学报（教育科学版），2021（4）.

　　[18] 李红革，黄家康. 数字化转型赋能思想政治教育高质量发展略探 [J]. 学校党建与思想教育，2023（23）.

　　[19] 李佩洁. "三全育人"背景下高校思想政治教育融媒体平台建设研究 [J]. 江汉论坛，2021（4）.

　　[20] 刘建军，邱安琪. 论新时代思想政治教育的高质量发展 [J]. 思想理论教育，2021（4）.

［21］刘建军．论师德师风建设的四个统一［J］．中国高校社会科学，2017（2）.

［22］刘建军．思想政治教育学科独立性探源［J］．教学与研究，2022（12）.

［23］刘应君，谢爱莲．高校网络意识形态安全治理的困境、契机与路径［J］．当代教育理论与实践，2019（1）.

［24］骆郁廷，靳文静．深化高校思想政治教育质量评价的思考［J］．思想教育研究，2024（1）.

［25］骆郁廷．试论高校思想政治理论课教育教学测评的特殊性［J］．教学与研究，2007（4）.

［26］潘学良．关于"四个自信"教育贯穿高校思想政治理论课教学全过程的思考［J］．思想理论教育导刊，2016（10）.

［27］秦在东，靳思远．错误社会思潮对我国主流意识形态安全的威胁及其治理［J］．思想理论教育，2019（5）.

［28］佘双好，马桂馨．新时代党的思想政治教育理论创新及时代价值［J］．学校党建与思想教育，2023（7）.

［29］沈壮海，刘灿．论新时代思想政治教育的高质量发展［J］．思想理论教育，2021（3）.

［30］王景云．新媒体对中国高校意识形态安全的冲击与应对［J］．思想教育研究，2017（4）.

［31］王丽娟．大学生意识形态认知现状分析：基于我国中部地区七所高校的调查［J］．天津师范大学学报（社会科学版），2022（6）.

［32］王树荫．人的彻底解放与全面发展：中国共产党百年思想政治教育的价值导向［J］．马克思主义研究，2020（10）.

［33］王威峰，王雨菡．新时代高校思想政治教育高质量发展的国际视野［J］．山东青年政治学院学报，2021（3）.

[34] 王学俭，杨昌华．立德树人：中国特色社会主义高校的立身之本 [J]．新疆师范大学学报（哲学社会科学版），2018（1）．

[35] 魏斌．高校青年教师师德师风建设内外因分析研究 [J]．教育探索，2011（5）．

[36] 吴潜涛，吴俊．坚持"三个面向"与"立德树人"的统一 [J]．思想理论教育导刊，2014（4）．

[37] 吴莎．"四个统一"视域下高校师德建设现状与对策研究 [J]．德育研究，2018（1）．

[38] 邢鹏飞，范张欣．改革开放四十年思想政治教育本科专业研究状况与发展趋向 [J]．山西高等学校社会科学学报，2018（10）．

[39] 徐维凡．关于加强高校思想政治理论课教师队伍建设的思考 [J]．思想理论教育，2009（1）．

[40] 薛晓萍，王辉，潘立勇．建国以来高校思想政治教育的发展轨迹 [J]．河北科技大学学报（社会科学版），2007（4）．

[41] 杨晓慧．高等教育"三全育人"：理论意蕴、现实难题与实践路径 [J]．中国高等教育，2018（18）．

[42] 袁振国，苏红．教育质量国家标准及其制定 [J]．教育研究，2013（6）．

[43] 张迪．高校思想政治教育工作质量评价的理论基础初探 [J]．思想教育研究，2018（4）．

[44] 张国启，刘亚敏．新时代思想政治教育高质量发展的逻辑内涵与实践理路 [J]．思想理论教育导刊，2021（5）．

[45] 张国祚．意识形态问题为什么不能回避 [J]．红旗文稿，2015（8）．

[46] 张耀灿．高校思想政治理论课教育教学质量测评发展新趋势 [J]．思想政治教育研究，2010（12）．

[47] 张智. 新时代高校思想政治教育工作第三方评价机制研究 [J]. 学校党建与思想教育, 2020 (7).

[48] 赵毅. 高校思想政治教育质量影响因素研究 [J]. 江苏高教, 2020 (5).

[49] 赵周鉴, 林伯海. 中国式现代化视域下思想政治教育高质量发展论析 [J]. 学校党建与思想教育, 2023 (21).

[50] 郑萼. 以文化人以文育人, 增强师生文化自信 [J]. 思想政治工作研究, 2017 (10).

[51] 周济. 教学评估是提高教育质量的关键举措 [J]. 中国大学教学, 2006 (1).

[52] 朱皆笑, 陈耀, 何兴. 大数据视域下高校网络意识形态治理格局研究 [J]. 浙江工业大学学报 (社会科学版), 2018 (1).

[53] 张国祚. 深刻把握 "四个服务" 的科学内涵 [N]. 光明日报, 2017-06-30 (7).

四、其他类

[1] 中宣部、教育部关于印发《关于普通高等学校 "两课" 课程设置的规定及其实施工作的意见》的通知 (教社科〔1998〕6 号) [EB/OL]. 教育部政府门户网站, 1998-06-10.

[2]《中共中央、国务院关于进一步加强和改进大学生思想政治教育的意见》(中发〔2004〕16 号)

[3]《关于印发中共中央宣传部、教育部关于进一步加强和改进高等学校思想政治理论课意见的实施方案的通知》(教社政〔2005〕9 号)

[4] 中共中央宣传部、教育部关于印发《全国大学生思想政治教育工作测评体系 (试行)》的通知 (教思政〔2012〕2 号)

[5] 教育部关于印发《高等学校思想政治理论课建设标准》的通知（教社科〔2015〕3号）

[6] 教育部关于印发《高等学校马克思主义学院建设标准（2017年本）》的通知（教社科〔2017〕1号）

[7] 中共教育部党组关于印发《高校思想政治工作质量提升工程实施纲要》的通知（教党〔2017〕62号）

[8] 中共教育部党组关于印发《普通高等学校学生党建工作标准》的通知（教党〔2017〕8号）

[9] 中共中央、国务院《关于加强和改进新形势下高校思想政治工作的意见》（2017）

[10] 教育部关于印发《新时代高校思想政治理论课教学工作基本要求》的通知（教社科〔2018〕2号）

[11] 中共教育部党组关于印发《高等学校学生心理健康教育指导纲要》的通知（教党〔2018〕41号）

[12] 教育部关于印发《高等学校马克思主义学院建设标准（2019年本）》的通知（教社科〔2019〕1号）

[13] 教育部关于印发《高等学校课程思政建设指导纲要》的通知（教高〔2020〕3号）

[14] 教育部印发《普通高等学校本科教育教学审核评估实施方案(2021-2025)（2021）

[15]《新时代高等学校思想政治理论课教师队伍建设规定》（中华人民共和国教育部令第46号）（2021）

[16] 中共中央、国务院印发《关于新时代加强和改进思想政治工作的意见》（2021）

[17] 中共中央印发《中国共产党普通高等学校基层组织工作条例》（2021）

［18］教育部关于印发《高等学校马克思主义学院建设标准（2023年本）》的通知（教社科〔2023〕1 号）

［19］教育部关于印发《高等学校思想政治理论课建设标准》的通知（教社科〔2023〕1 号）

［20］教育部等十七部门《全面加强和改进新时代学生心理健康工作专项行动计划（2023—2025 年）》（2023）

［21］《中共中央宣传部、教育部关于进一步加强和改进高等学校思想政治理论课的意见》（教社政〔2005〕5 号）

五、外文文献

［1］ALTHUSSER L. For Marx ［M］. London：Verso Books, 2010.

［2］BURKE T. Disconnected：youth, new media and the ethics gap ［J］. The Social Science Journal, 2017 (54).

［3］CHAO N P, YUAN G F, LI Y G, et al. The internet ecological perception, political trust and political efficacy of Chinese netizens ［J］. Telematics and Informatics, 2017 (3).

［4］CHOI D H, SHIN D H. Exploring political compromise in the new media environment：The interaction effects of social media use and the Big Five pesonality traits ［J］. Personality and Individual Differences, 2017, 106.

［5］CHUN W H K, FISHER A W, KEENAN T. New Media Old Media：A History and Theory Reader ［M］. New York：Routledge, 2006.

［6］DEWDNEY A, RIDE P, The New Media Handbook ［M］. London：Routeldge, 2006.

［7］GROTH G G, LONGO L M, MARTIN J L. Social media and college student risk behaviors：a mini－review ［J］. Addictive Behaviors,

2017, 65.

　　[8] HONG X. Research on the Innovation of Discourse System of Ideological and Political Education in Colleges and Universities in the We-Media [D]. 2020．

　　[9] JANKOWSKI N W. Editiorial [J]. New Media and Society, 2008, 10 (1).

　　[10] JENKINS H, THORBURN D. Democracy and New Media: Media in Transition Series [M]. Combridge: The MIT press, 2003.

　　[11] LIEVROUW L A, LIVINGSTONE S. The Social Shaping and Consequences of ICTs [M]// The Handbook of New Media. London: Sage, 2004．

　　[12] MANOVICH L. The Language of New Media [M]. Combridge: The MIT Press, 1995.

　　[13] MCCOMBS M. Setting the agenda: the mass media and pubic opinion [M]. Cambridge: Polity Press, 2004.

　　[14] WANG C, LEE M, Hua Z. A theory of social media dependence: evidence from microblog users [J]. Decision Support Systems, 2015, 69.

　　[15] WILSON H T. The American Ideology: Science, Technology and Organization As Modes of Rationality [M]. Taylor & Francis, 1977.

　　[16] Xia Y. Big data based research on the management system framework of ideological and political education in colleges and universities [J]. Journal of Intelligent & Fuzzy Systems Applications in Engineering & Technology, 2021.

附件1

调研问卷与访谈提纲

一、新时代湖南省高校教师主流意识形态认同现状调研

您所在的学校：

您的性别：　　　　　年龄：　　　　　专业：　　　　　教龄：

1. 您关注的党的二十大精神的内容是：

A. 党十年来所经历的三件大事

B. 全面建成社会主义现代化强国两步走战略安排

C. 习近平新时代中国特色社会主义思想

D. 国家关于教育、科技、人才战略

E. 其他：_____

2. 您对习近平新时代中国特色社会主义思想：

A. 高度认同

B. 一般认同

C. 不清楚

D. 不认同

3. 您平时主要关注的习近平新时代中国特色社会主义思想是：

A. 对建设什么样的中国特色社会主义和怎样建设的回答

B. 对建设什么样的社会主义强国和怎样建设社会主义强国的回答

C. 对建设什么样的长期执政的党和怎样建设党的回答

D. 与自己研究方向以及兴趣点的相关重要论述

E. 其他：_____

4. 作为高校教师，您是否认同社会主义核心价值观？

A. 高度认同

B. 一般认同

C. 不清楚

D. 不认同

5. 作为高校教师，您是否了解习近平总书记提出的关于新时代意识形态工作的新观点和新论断？

A. 清楚了解

B. 一般了解

C. 不清楚

D. 了解但不认同

6. 您所在的党组织是否认真落实各层级学习制度，对个人提升作用如何？

A. 明确了解内容与形式、管理与考核的要求

B. 一般了解内容与形式

C. 不清楚

D. 了解但不认同

E. 对个人提升有作用

F. 对个人提升无作用

7. 您所在高校是否认真落实党委理论学习中心组学习制度，对个人提升作用如何？

A. 校党组织深入落实，个人理论水平显著提升

B. 校党组织有规定，个人理论水平有提升

C. 不清楚

D. 校党组织有规定，流于形式

E. 其他：_____

8. 您认为当前高校"学术问题政治化"现象是否存在？

A. 高校学术问题政治化现象普遍存在

B. 高校学术问题政治化现象个别存在

C. 不清楚

D. 高校学术问题政治化现象不存在

9. 您是否有觉察到身边有价值观渗透现象？

A. 存在一定的价值观渗透

B. 不觉得有价值观渗透现象

C. 不清楚

D. 有价值观渗透现象没有关系

10. 您对于西方社会思潮认同度：

A. 对于西方思潮是完全不认同

B. 对于普世价值认同

C. 对于民主社会主义认同

D. 对于生态主义认同

E. 其他：_____

请书写回答：您认为高校教师应如何落实意识形态工作责任制？

二、新时代湖南省高校学生主流意识形态认同现状调研

您所在的学校：

您的性别：　　　　年龄：　　　　年级：　　　　专业：

1. 您是否认真观看党的二十大直播或回放？

A. 进行观看，有比较深刻的感悟

B. 进行观看，但个人感悟不深

C. 未观看，但通过其他途径了解，有比较深刻的感悟

2. 您是否知道党的二十大报告中所指的十年来经历的三件大事？

A. 完全了解

B. 了解一部分

C. 不了解

3. 您是否了解并认同社会主义核心价值观？

A. 完全了解，非常认同

B. 了解一部分，基本认同

C. 虽然认同但并未践行

D. 不了解，谈不上认同

E. 与自己的学习生活无关，不关心社会主义核心价值观

4. 如何看待外国热门的影视、音乐、小说等文艺载体"隐喻"宣传西方价值观？

A. 很严重，必须提高警惕

B. 存在这类现象

C. 不存在这类现象

D. 不清楚

5. 您对西方宗教的态度：

A. 仅限了解，不会去信

B. 不想了解

C. 有些反感

D. 有些害怕，避而远之

6. 您如何看待"青年要做社会主义事业的建设者和接班人"？

A. 要把实现个人价值和社会价值、时代需要相统一

B. 做好自己就行

C. 不去想

7. 您会和老师或者同学和朋友探讨习近平新时代中国特色社会主义思想吗？

A. 经常会，有浓厚的学习兴趣

B. 偶尔会，比较感兴趣

C. 视情况而定，有重大讲话或活动的时候会

D. 基本不会

8. 在面对互联网上一些关于党和国家的负面言论时，你会怎样做？

A. 举报

B. 跟帖反驳

C. 什么都不做

9. 你获取时政新闻主要来源于：

A. 党报、电视等传统媒体

B. 微博、微信、抖音、小红书等社交媒体

C. 通过"翻墙"软件浏览境外网站

D. 其他＿＿＿＿＿＿＿＿＿＿＿＿＿＿＿＿

10. 你对高校思政课的认识：（可多选）

A. 是大学生思想政治教育的主阵地主渠道

B. 教学效果不错

C. 教学内容、教学方法脱离学生

D. 教师能力较弱，讲课枯燥无味

E. 不想上、不喜欢、没兴趣

请书写回答：你所在高校思想政治教育活动开展的情况如何？效果怎样？

三、新时代高校思想政治教育现状调研访谈提纲（采用座谈会、电话咨询、网络交流方式进行）

1. 您认为新时代高校思想政治教育主要取得了哪些成就？请结合本单位的实际情况来谈。

2. 您认为新时代高校思想政治教育存在的主要问题是什么？请结合本单位的实际情况来谈。

3. 您认为新时代高校思想政治教育的内容应从哪些方面着力？即新时代高校应着力加强哪些方面的教育？

4. 您认为新时代高校思想政治教育质量提升的路径有哪些？

5. 您认为新时代高校思想政治教育质量提升的保障是什么？

6. 您对新时代高校思想政治教育发展质量评价的改进有何建议？

附件2

新时代高校思想政治教育单项评价要求

普通高等学校马克思主义学院建设标准（2023年版）

组织领导与管理	领导责任	1. 学校党政领导班子带头学习贯彻习近平新时代中国特色社会主义思想，深刻领悟"两个确立"的决定性意义，增强"四个意识"、坚定"四个自信"、做到"两个维护"，坚决贯彻落实习近平总书记关于教育的重要论述特别是关于高校思政课、马克思主义学院建设的重要指示批示精神和党中央决策部署，全面贯彻党的教育方针，全面推动新时代党的创新理论进教材进课堂进头脑，深入实施"大思政课"建设工程，坚持不懈用习近平新时代中国特色社会主义思想铸魂育人	A*
		2. 学校党委书记落实第一责任人责任，校长负起政治责任和领导责任，每学年分别到马克思主义学院至少召开1次现场办公会、解决实际问题	A*
		3. 分管思政课建设的校领导、分管教学科研等工作的校领导要主动研究马克思主义学院工作，开展经常性工作指导督促	A
		4. 校党委（常委会）会议、校长办公会议每学期分别至少召开1次专题会议，研究马克思主义学院建设重点工作，在工作格局、队伍建设、支持保障等方面采取有效措施，会议决议及时落实	A
		5. 学校党委要推动本校马克思主义学院与其他高校马克思主义学院协同发展，主动争取与有关部门共建马克思主义学院，积极开展与中小学思政课共建，共同推动大中小学思政课一体化建设	A

续表

组织领导与管理		6. 学校党政领导班子带头推动思政课建设，带头联系思政课教师。学校党委书记、校长每学期至少为学生讲授 4 个课时的思政课，领导班子其他成员每学期至少为学生讲授 2 个课时的思政课；学校党委书记、校长及分管思政课建设的校领导，每学期对每门思政课至少听 1 课时	B
		7. 全面贯彻党的教育方针，坚持把立德树人的成效作为检验学校一切工作的根本标准，把思政课作为重点课程、把马克思主义理论学科作为重点学科、把马克思主义学院作为重点学院、把思政课教师作为学校干部队伍重要来源，纳入学校发展规划以及"双一流"建设方案进行重点建设，及时总结宣传推广建设经验	A
	机构设置	8. 严格督导考核，在巡视巡察中加大对马克思主义学院建设情况的督查力度。把马克思主义学院建设列为学校党的建设工作考核、办学质量评估的重要内容，作为学校党政领导班子、主要领导和分管领导综合考核评价的重要参考	A
		9. 坚持"马院姓马，在马言马"的鲜明导向和办学原则，擦亮我国大学最鲜亮的底色，马克思主义学院统一开设全校思政课、统一管理思政课教师、统一负责马克思主义理论学科建设，巩固马克思主义在高校意识形态领域的指导地位	B
		10. 根据马克思主义学院规模和工作任务，科学确定党政领导班子职数。按照政治立场坚定、理论功底扎实、业务管理能力突出、工作作风优良、师德师风高尚的标准，拓宽选才视野，面向全国选优配强学院党政领导班子。班子成员是中共党员，并一直从事思政课教学和马克思主义理论研究，有团结精神、奉献精神，处事公道，开拓进取，群众认可	A*
		11. 本、专科思政课（包括"形势与政策"课）教学应按课程分别设置教研室（组），研究生思政课教学可结合实际设置教研室（组），党政工团组织机构健全，教学委员会、学术委员会、学位评定委员会等机构运转有效	B
	工作机制	12. 制定学院中长期发展规划，规划既符合思政课建设和马克思主义理论学科发展要求，又与本地或本校重点学院建设要求相一致	A
		13. 健全学院集体领导、党政分工合作、协调运行的工作机制，提升班子整体功能和议事决策水平。完善学院二级教代会或教职工大会制度，实行民主管理和监督	B

续表

组织领导与管理	基础建设	14. 学校在保障马克思主义学院正常办公经费的基础上，本科院校按在校生总数每生每年不低于 40 元，专科院校每生每年不低于 30 元的标准提取专项经费，用于思政课教师的学术交流、实践研修等，并随着学校经费的增长逐年增加。专项经费安排使用明确，专款专用	A
		15. 学校对马克思主义学院办公用房等校内公共资源配置给予优先保障，原则上教授有独立的教研用房	B
		16. 配备满足教学科研需要的硬件设备和图书资料室，图书期刊、音像资料齐全，更新及时、借阅高效	B
思政课教学	教学组织	17. 牢固树立思政课建设是马克思主义学院第一要务的立院导向，按照中央确定的最新课程方案，开齐开足各门思政课	A
		18. 加强以习近平新时代中国特色社会主义思想为核心内容的思政课程群建设，重点围绕新时代伟大变革、"四史"、中华优秀传统文化等开设选择性必修课程	A *
		19. 落实课程学分及对应学时，不挪用或减少课堂教学学时	A
		20. 合理安排教务，确保思政课各门课程有序衔接，原则上晚间和周末不安排思政课必修课，避免教师周课时安排过于集中	A
		21. 使用马克思主义理论研究和建设工程统编的最新版思政课教材。使用中央宣传部、教育部等组织制作的思政课统一课件、讲义、教学辅导用书、教学视频等资料	A
		22. 推行中班教学，班级规模原则上不超过 100 人。推广中班上课、小班研学讨论的教学模式	A
	教学组织	23. 建立健全思政课教师岗前培训与试讲制度、集体备课制度、听课互评制度、集中命题制度等。集体备课要聚焦说课、评课、磨课，注重实效，防止形式主义	A
	教学改革	24. 坚持改革创新，提高思政课的针对性和吸引力。推动思政课教学实现政治性和学理性相统一、价值性和知识性相统一、建设性和批判性相统一、理论性和实践性相统一、统一性和多样性相统一、主导性和主体性相统一、灌输性和启发性相统一、显性教育和隐性教育相统一。培育推广形式多样、效果确切、受学生欢迎的教学方法，注重从理论和实践、历史和现实、国际和国内的结合上回答学生关心的热点难点问题	A

续表

思政课教学	教学改革	25. 探索考试评价方式改革，注重学习过程和实践成果考核，注重考查学生运用马克思主义立场、观点、方法分析问题和解决问题的能力	B
	实践教学	26. 构建"大思政课"工作体系，马克思主义学院统筹思政课各门课程的实践教学、教学内容、指导教师和专项经费。加强校内外多方联动，结合志愿服务、理论宣讲、社会调研等开展多样化的思政课实践教学，原则上覆盖全体在校学生	A
		27. 严格落实本科 2 个学分、专科 1 个学分用于思政课实践教学，积极与"大思政课"实践教学基地等建立合作机制，建设相对稳定的校外教学实践基地	A
		28. 积极组织思政课教师、辅导员等共同参与指导思政课实践教学。将思政课教师指导社会实践、学生理论社团等工作纳入教学工作量	A
	教学评价	29. 强化课堂教学纪律，教师要敢抓敢管，完善课堂教学管理办法，建立完备的教学内容、教学质量监测和教学督导制度	B
		30. 以学生获得感为评价导向，注重教学效果评价，增加教学研究和教学成果在评价体系中的权重。思政课教学评价结果作为思政课教师绩效考核、职务（职称）晋升、评奖评优的首要依据	A*
教师队伍建设	政治素质	31. 按照政治要强、情怀要深、思维要新、视野要广、自律要严、人格要正的要求，建设一支专职为主、专兼结合、数量充足、素质优良的思政课教师队伍	A
		32. 不断增强思政课教师的政治判断力、政治领悟力、政治执行力，打牢马克思主义理论功底，推动教师做先进思想文化的传播者、党执政的坚定支持者，更好担起学生健康成长指导者和引路人的责任，努力成为马克思主义理论教育家	A
	配备培养	33. 严格按照师生比不低于 1:350 的比例核定专职思政课教师岗位，在编制内配足，且不得挪作他用。思政课教师原则上是中共党员、应具有马克思主义理论相关学科背景	A
		34. 选聘高水平专家担任特聘教授，统筹好地方党政领导干部、企事业单位负责人、社科理论界专家、各行业先进模范以及院士、专业课骨干教师等上思政课讲台，推动形成思政课教师、辅导员队伍深度融合的工作机制	B

教师队伍建设		35. 组织思政课教师参加各级宣传、党校、教育等部门组织的示范培训。学校每年对全体思政课教师至少进行 1 次校级培训，有条件的学校可开展国（境）外研修等。有计划地安排思政课教师参加校内外挂职锻炼	A
	师德师风建设	36. 建立思政课教师师德师风常态化教育和监管制度，学校在每年思政课教师校级培训中，安排政治安全、意识形态安全、师德师风建设等专题	A
		37. 严格落实教育部《关于推开教职员工准入查询工作的通知》和最高人民法院、最高人民检察院、教育部《关于落实从业禁止制度的意见》，严把思政课教师选用管理考核的政治关、师德关、业务关	A *
		38. 建立思政课教师退出机制，对出现政治立场倾向问题、师德师风问题、不适合继续从事思政课教学的人员，第一时间退出思政课教师队伍；造成严重不良影响的，要依法依纪依规严肃处理	A *
	职务（职称）评聘	39. 在专业技术职务（职称）评聘工作中，单独设立马克思主义理论类别，校级专业技术职务（职称）评聘委员会有同比例的马克思主义理论学科专家。思政课教师高级专业技术职务（职称）岗位比例不低于学校平均水平，指标不得挪作他用	A
		40. 制定实施符合思政课教师职业特点的职务（职称）评聘标准，突出教学和教学研究占比。思政课教师参加中央和国家机关举办的教学类活动所获奖项，参与省部级以上重要工作的鉴定证明，在中央主流媒体、地方主要党报党刊发表的理论文章，在中央和国家机关主管的马克思主义理论类学术期刊发表的论文成果，被省部级以上部门采纳的决策咨询报告，产生重要影响的网络优秀作品等，应作为专业技术职务（职称）评定的核心成果	A *
马克思主义理论学科建设	学科设置	41. 严格依据二级学科设置相关规定，科学设置马克思主义理论学科所属二级学科	B
		42. 明确二级学科带头人，思政课专职教师有明确的二级学科归属和研究方向。发挥学科带头人在学科建设中的作用，凝练学科研究方向	B

续表

马克思主义理论学科建设	科学研究	43. 加强马克思主义学科群建设，加强跨学科研究，充分发挥马克思主义理论学科引领作用。从整体上研究马克思主义基本原理和科学体系，深入研究马克思主义中国化时代化理论成果，重点研究习近平新时代中国特色社会主义思想，着力深化党的创新理论体系化研究、学理化阐释。紧紧围绕坚持和发展中国特色社会主义，深入研究中国式现代化的重大理论和实践问题。紧紧围绕推动新时代党的创新理论入脑入心，深入研究思政课教学重点难点问题和教学方法改革创新	B
		44. 坚持教学引导科研、科研支撑教学的学术导向，研究成果服务育人目标，消除教学、科研两张皮现象。开展科研成果评优奖励，加大对中青年教师的科研支持力度	B
		45. 加强对学术会议的审批管理，严把会议导向关、内容关、人员关，切实提高会议质量和实效，杜绝各种低效、无效会议。支持一线思政课教师多参与高水平学术交流。不断扩大马克思主义理论学科影响力和研究成果国际传播力	A
	人才培养	46. 有条件的学校统筹推进马克思主义理论学科本硕博一体化人才培养。科学制定马克思主义理论本科专业人才培养方案，明确培养目标、完善课程体系、加强过程管理。积极承担"国家关键领域战略人才储备招生计划"培养任务。人才培养方案符合教育部、国务院学位委员会关于本学科专业本科、硕士、博士学位基本要求，开设核心课程	A
		47. 研究生入学考试、课程设置与教学、中期考核、科研训练、学位论文开题和答辩等环节管理规范，保证研究生培养质量	B
		48. 导师遴选和日常管理严格，保证导师对研究生的指导时间	B
		49. 支持思政课专职教师攻读马克思主义理论学科博士学位。有条件的学校积极承担"思政课教师在职攻读马克思主义理论博士学位专项计划"培养任务	B
社会服务与社会影响	决策咨询	50. 组织思政课教师围绕国家大政方针和地方经济社会发展的重大问题和重要实践，以及思政课改革创新、马克思主义学院高质量发展等重要方向，开展调查研究和政策研究，撰写研究报告，提高咨政服务能力	B

续表

社会服务与社会影响	决策咨询	51. 支持思政课教师参与各级党政部门重要文件、工作报告等起草工作，参与企事业单位决策咨询	B
	理论宣讲	52. 支持思政课教师参加各级各类宣讲团，大力宣传阐释新时代党的创新理论和党中央重大决策部署	B
		53. 支持思政课教师在主流媒体刊发有影响的理论文章，创作通俗理论读物、音像作品，参加各类媒体政论节目，弘扬主旋律，传播正能量，抵制和批判各种错误思潮	B
党的建设与思想政治工作	基层党组织建设	54. 围绕推动新时代党的建设新的伟大工程向纵深发展，把政治建设摆在首位，着力提高组织力和领导力，突出政治功能、强化政治引领，按照有利于党的领导、有利于党组织活动、有利于党员教育管理的原则，调整优化支部设置，推行教师党支部按教研室设置，学生党支部按班级年级或学科专业设置，充分发挥党支部的战斗堡垒作用	B
		55. 把抓好党建工作作为办学治院的基本功，加强党的领导，进一步强化马克思主义学院党委（党总支）的政治功能和组织功能，履行政治责任，保证监督党的路线方针政策及上级党组织决定的贯彻执行	B
		56. 坚持民主集中制，健全学院党组织会议和党政联席会议制度，有关干部任用、党员队伍建设等工作，由党组织会议研究决定，涉及办学方向、教师队伍建设、师生员工切身利益等重大事项，党组织会议先研究再提交党政联席会议决定	A
		57. 严格理论学习中心组学习、"三会一课"、民主生活会和组织生活会、谈心谈话、民主评议党员等制度。深入学习习近平新时代中国特色社会主义思想，开展形势政策教育，用党的创新理论武装头脑、指导实践、推动工作，每月至少固定半天时间开展党日活动，组织师生党员深入学习党章党规党纪，经常性开展警示教育	B
		58. 实施党员先锋工程和党员名师工程，创设党员教育管理服务示范岗，使师生党员发挥先锋模范作用	B
		59. 建立师生思想政治状况定期研判制度，通过日常联系、谈心谈话等渠道，了解分析师生思想特点和变化，给予关心关爱，帮助解决实际困难和问题	B

续表

党的建设与思想政治工作	文化建设	60. 大力弘扬理论联系实际的马克思主义学风，培育特色鲜明的学院文化，凝练体现办院目标的院训，引导学院师生建设良好的政治生态	B
		61. 结合重要节日、重大事件，积极组织马克思主义理论类研学活动，鼓励思政课教师指导学生理论社团，提升理论品质，引领校园文化	B

说明：

（1）关于指标类型。建设指标分 A＊、A、B 三类，共 61 项，其中 A＊为核心指标（8 项），A 为重点指标（26 项），B 为基本指标（27 项）。

（2）关于评价标准。本科院校 A＊类指标 7 项、A 类指标 23 项以上、B 类指标 25 项以上达标方可认定合格；专科院校 A＊类指标 6 项、A 类指标 21 项以上、B 类指标 22 项以上达标方可认定合格。

（3）关于教师类别。专职教师是指编制在思政课教学科研机构且从事思政课教学科研工作的教师；兼职教师是指编制属其他教学机构或管理部门（单位）的教师。

教育部第五轮学科评估指标体系框架

一级指标	二级指标	三级指标
A. 人才培养 质量	A1. 思政教育	S1. 思想政治教育特色与成效
	A2. 培养过程	S2. 出版教材质量
		S3. 课程建设与教学质量
		S4. 科研育人成效
		S5. 学生国际交流情况
	A3. 在校生	S6. 在校生代表性成果
		S7. 学位论文质量
	A4. 毕业生	S8. 学生就业与职业发展质量
		S9. 用人单位评价（部分学科）

续表

一级指标	二级指标	三级指标
B. 师资队伍 与资源	B1. 师资队伍	S10. 师德师风建设成效
		S11. 师资队伍建设质量
	B2. 平台资源	S12. 支撑平台和重大仪器情况（部分学科）
C. 科学研究 （与艺术/设计 实践）水平	C1. 科研 成果 （与转化）	S13. 学术论文质量
		S14. 学术著作质量（部分学科）
		S15. 专利转化情况（部分学科）
		S16. 新品种研发与转化情况（部分学科）
		S17. 新药研发情况（部分学科）
	C2. 科研项目 与获奖	S18. 科研项目情况
		S19. 科研获奖情况
	C3. 艺术实践成果	S20. 艺术实践成果（部分学科）
	C4. 艺术/设计实践 项目与获奖	S21. 艺术/设计实践项目（部分学科）
		S22. 艺术/设计实践获奖（部分学科）
D. 社会服务 与学科声誉	D1. 社会服务	S23. 社会服务贡献
	D2. 学科声誉	S24. 国内声誉调查情况
		S25. 国际声誉调查情况（部分学科）

注：按一级学科分别设置 99 套指标体系，各学科按学科特色分别设置 17-21 个三级指标。

高等学校思想政治理论课建设标准（2023 年版）

一级指标	二级指标	三级指标	指标类型	责任部门
组织管理	领导体制	学校党委直接领导，协调校行政负责实施，分管校领导具体负责，并成立相应的领导机构。	B	学校党委、行政领导
	工作机制	1. 校党委（常委）会议、校长办公会每学期至少召开一次专题会议研究工作，会议决议能够及时落实。	B	学校党委、行政领导
		2. 学校党委书记或校长每学年到思想政治理论课教研部门开现场办公会至少1次，听取思想政治理论课教学工作汇报，解决实际问题。学校党政主要负责同志每学期至少讲授1次思想政治理论课。学校分管领导每学期到堂听课2次以上。	A *	
		3. 把思想政治理论课建设列入学校事业发展规划，作为学校重点课程建设，有条件的本科院校同时应作为重点学科建设，每年至少进行一次专项督查。	A	
		4. 学校宣传、人事、教务、研究生院（处）、财务、科研、学生处、团委等党政部门和思政课教学科研机构各负其责，相互配合，落实思想政治理论课教育教学、学科建设、人才培养、科研立项、社会实践、经费保障等各方面政策和措施	B	学校党委、行政领导及有关部门
	机构建设	1. 独立设置直属学校领导的、与学校其他二级院（系）行政同级的思想政治理论课教学科研组织二级机构，承担全校本、专科学生和研究生思想政治理论课教学任务，统一管理思想政治理论课教师。有马克思主义理论学科点的机构同时应作为马克思主义理论学科点的依托单位，承担马克思主义理论科学研究、学科建设、研究生培养等工作。	A *	学校党委、行政领导

一级指标	二级指标	三级指标	指标类型	责任部门
组织管理		2. 配齐二级机构领导班子，班子成员应是中共党员，且从事马克思主义理论学科研究和思想政治理论课教学，不得兼任其他二级院（系）的主要负责人。	A*	学校党委、行政领导及有关部门
		3. 与专业院系同等配备办公用房和教学设备、基本图书资料、国内外主要社科期刊、声像资料、教学课件以及办公设备等，满足教学及办公需要。	B	
	专项经费	学校在保障思想政治理论课教学科研机构正常运转的各项经费的同时，本科院校按在校本硕博全部在校生总数每生每年不低于20元，专科院校按每生每年不低于15元的标准提取专项经费，用于教师学术交流、实践研修等，并随着学校经费的增长逐年增加。专项经费安排使用明确，专款专用。	A*	学校党委、行政领导及财务部门
教学管理	管理制度	教学管理制度健全，建立备课、听课制度以及教学内容和教学质量监控制度，认真执行各项管理规章制度，检查、评价制度等。教学档案齐全。	B	教务处、思政课教学科研机构
	课程设置	1. 按照本、专科生思想政治理论课"05方案"，研究生思想政治理论课新方案（2011年秋季开始实施）的规定，根据学校培养人才层次，落实课程和学分及对应的课堂教学学时，无挪用或减少课时的情况。	A*	教务处、研究生院（处）
		2. 积极创造条件开设本科生和研究生层次思想政治理论课选修课。	B	
	教材使用	1. 使用马克思主义理论研究和建设工程重点教材思想政治理论课最新版本统编教材。	A	教务处、研究生院（处）

一级指标	二级指标	三级指标	指标类型	责任部门
教学管理		2. "形势与政策"课要根据教育部下发的教育教学要点组织教学，选用中宣部和教育部组织制作的《时事报告（大学生版）》和《时事》DVD作为学生学习辅导资料。	B	
	课堂教学	1. 课堂规模一般不超过100人，推行中班教学，倡导中班上课，小班研学讨论的教学模式。	A	教务处
		2. 合理安排课堂教学时间	B	
	实践教学	实践教学纳入教学计划，统筹思想政治理论课各门课的实践教学、落实学分（本科2学分，专科1学分）、教学内容、指导教师和专项经费。实践教学覆盖全体学生，建立相对稳定的校外实践教学基地。	B	教务处、财务处、学生处团委、思政课教学科研机构
	教学方法改革	1. 积极探索教学方法改革、优化教学手段。	B	思政课教学科研机构、教务处
		2. 改革考试评价方式，建立健全科学全面准确的考试考核评价体系，注重过程考核	B	
	教学成果	列入校级教学成果类奖系列评选之中，并积极组织推荐参评校级以上教学评选活动。	B	教务处
队伍管理	政治方向	思想政治理论课教师应坚持正确的政治方向，有扎实的马克思主义理论基础，在事关政治原则、政治立场和政治方向的问题上与党中央保持一致。	A	人事处、思政课教学科研机构

续表

一级指标	二级指标	三级指标	指标类型	责任部门
队伍管理	师德师风	思想政治理论课教师具有良好的思想品德、职业道德、责任意识和敬业精神，无学术不端、教学违纪现象。	A	人事处、思政课教学科研机构
	教师选配	1. 本科院校思想政治理论课专职教师按师生比 1∶350—1∶400 配备，专科院校思想政治理论课专职教师按师生比 1∶550—1∶600 配备。	A	人事处
		2. 兼职教师具有硕士研究生以上学历（专科院校兼职教师具有本科以上学历）和相关专业背景，按学校有关规定考核合格。	B	
		3. 新任专职教师原则上应是中共党员，并具备马克思主义理论相关学科背景硕士以上学位。	A	
	培养培训	1. 新任专职教师必须参加省级岗前培训；所有专职教师应积极参加省级或中宣部、教育部组织的示范培训或课程培训或骨干研修。学校每年对全体教师至少培训一次。	B	人事处、思政课教学科研机构
		2. 每学年至少安排1/4的专职教师开展学术交流、实践研修和学习考察活动。有条件的学校可以开展国（境）外学术交流和实践研修。	B	
		3. 安排专职教师进行脱产或半脱产进修，每人每4年至少一次。	B	
		4. 鼓励支持专职教师攻读马克思主义理论相关学科学位	B	
	职务评聘	1. 思想政治理论课专业技术职务高级岗位比例不低于学校重点学科高级岗位设置的平均水平，且不得挪作他用。	B	人事处

一级指标	二级指标	三级指标	指标类型	责任部门
队伍管理		2. 制定实施符合思想政治理论课教师职业特点的职务职称评聘标准，提高教学和教学研究占比。被有关部门采纳并发挥积极作用的理论文章、调研报告等应作为专业技术职务评定的依据	B	
	经济待遇	思想政治理论课教师的岗位津贴和课时补助等纳入学校内部分配体系统筹考虑，思想政治理论课教师工作量、课酬计算标准与其他专业课教师一致，教师的实际平均收入不低于本校教师的平均水平。	A	人事处、教务处
	表彰评优	纳入学校各类教师表彰体系中，并为思想政治理论课教师确定一定比例，进行统一表彰。	B	人事处
学科建设	学科点建设	1. 马克思主义理论学科点设在思想政治理论课教学科研机构，首要任务是为思想政治理论课教育教学服务。	A *	人事处、科研处、教务处、研究生院（处）
		2. 除马克思主义理论学科下属的本科专业外，马克思主义理论学科点不办其他本科专业。	A *	
		3. 马克思主义理论学科的学术骨干必须是思想政治理论课的教学骨干。每一位导师至少承担思想政治理论课一门课的教学任务	A	
	科研工作	设立思想政治理论课教育教学研究专项课题。创造条件支持思想政治理论课教师申报各级各类课题，参评各种科研成果奖等。	B	教务处、科研处、思政课教学科研机构

续表

一级指标	二级指标	三级指标	指标类型	责任部门
特色项目	教学改革特色项目	开展思想政治理论课教学改革与创新，并取得显著成果，其经验在全国或全省得到一定推广。	B	宣传部、教务处、思政课教学科研机构
	其他	能够推动思想政治理论课建设工作的其他有特色的项目。		

说明：

1. 关于指标类别。建设指标分 A＊、A、B 三类，共 39 项，其中 A＊为核心指标（7 项），A 为重点指标（9 项），B 为基本指标（23 项）。

2. 关于评价标准。本科院校 A＊类指标 7 项、A 类指标 8 项以上、B 类指标 20 项以上达标方可认定合格；专科院校 A＊类指标 5 项、A 类指标 7 项以上、B 类指标 19 项以上达标方可认定合格。

3. 关于教师类别。专职教师是指编制在思想政治理论课教学科研机构的教师；兼职教师是指编制属其他教学机构或管理部门（单位）的教师。

高校思政课教学指导组听课评价表

任课教师:　　　　　　听课日期:　　　　　　听课专家:

班级规模: 50 人以下□　　101-150 人□　　51-100 人□

　　　　　 151-200 人□　　201 人以上□

到 课 率: 90%以上□　　　80%-89%□　　　70%-79%□

　　　　　 60%-69%□　　　5%%以下□

授课对象: 文科□　理科□　工科□　农科□　医科□　多科混合□

评估指标	评估内容	得分
教学态度 （10%）	仪表整洁、举止得体、精神饱满（3%）	
	道守教学纪律，严格课堂管理（2%）	
	备课充分，精心设计教学（有课件、教案等教学素材），教学投入（5%）	
教学内容 （35%）	坚持马克思主义立场观点方法，具有较为扎实的马克思主义理论功底，教学目标明确（10%）	
	有效使用统编教材配套课件、参考讲义、辅导用书，教学内容科学完整，基本理论阐释清楚，基本事实讲述准确，重点、难点比较突出（10%）	
	理论联系实际，熟悉党史、新中国史、改革开放史、社会主义发展史、中华民族发展史，注重史论结合，教学素材多样，案例鲜活生动，及时将新时代中国特色社会主义的生动实践转化为课堂教学资源（10%）	
	贴近学生实际，善于发据身边人身边事蕴含的育人元素，有效回应学生关心问题和思想困惑（5%）	

评估指标	评估内容	得分
教学方法 （25%）	熟悉教学法基本原理，注重教学逻辑与学术逻辑的辩证统一，教学设计符合学生认知规律、关注学生差异性（9%）	
	熟练运用启发式、案例式等教学法，注重课堂互动，不照本宣科，善于调动学生积极性，启发学生思考（8%）	
	综合运用现代信息技术手段，增强课堂教学的生动性、吸引力，帮助学生理解领会教学内容（8%）	
教学效果 （30%）	注重思想性和理论性，具有亲和力和感染力，能够把道理讲深、讲透、讲活，学生学习积极性高，愿意与教师交流反馈（12%）	
	注重价值引领，增进对党的创新理论的政治认同、思想认同、理论认同、情感认同，坚定"四个自信"（12%）	
	完成教学计划，课堂秩序良好（6%）	
课堂诊断		
总体评价	优秀（≥90）　　良好（89-80）　　合格（79-60）　　不合格（<60）	
指导建议		

听课专家签名：

后 记

随着我的博士后研究报告《新时代高校思想政治教育发展质量研究》的写作完成，我的博士后学习生涯也将结束。此时此刻心情难以平静。进站初期的喜悦很快被在职工作的繁重和在站学习研究的艰辛冲淡，而论文写作和反复投稿期间的怀疑和彷徨更是刻骨铭心。近六年的博士后学习工作生涯，我不仅收获了更多的知识，学会了潜心坐冷板凳研究，也在学习工作生活的锤炼中磨砺了心志，不断成熟起来。

首先，以最诚挚的心情深深感谢合作导师唐亚阳教授对我的悉心指导和栽培。忘不了初见老师时他亲切儒雅、知识渊博的言谈；忘不了麓山之巅、湘江河畔组织学术活动时他娓娓道来、专业严谨的引导；忘不了他通过各种途径为我争取的种种难得的学术活动与实践的机会。博士后研究课题对我来说更是一项意义深远却枯燥艰辛而又富有挑战的工作，从课题的选题到提纲的拟定，从资料的收集到研究报告的撰写，合作导师都一丝不苟地给予了我悉心指导。我也深知自身的平庸和愚钝，还有很多方面没有达到老师对我的要求和期望，深感自责，更感激老师对我的宽容和理解。在成长的道路上，我也会时刻铭记老师对我的教导和嘱托，发奋图强，努力前进。

其次，要将衷心的谢意敬献给柳礼泉教授、王泽应教授、王翔教授、张国祚教授、陈宇翔教授、吴增礼教授、刘晓玲教授、龙兵教授、刘光斌教授、罗仲尤教授等，正是他们多年来对我的教导丰富了我的理论知识，完善了我的学科知识体系，也教会了我许多做人做事的道理。感谢湖南大学马克思主义学院的吴江雄老师、吴红艳老师、李绍斌老师和各位领导、老师给我的关心和帮助。

再次，要深深感谢我的同窗好友和师兄师姐，感激我们有缘同行，能互相鞭策鼓励共同进步。感谢我的工作单位湖南工商大学马克思主义学院的领导和同事们，感激他们对我的关心和帮助。

还要特别感谢我的家人，尤其是我的母亲，以及所有关心我的亲人们，在我多年的求学、谋生道路上给予我一如既往的关爱：在学习和研究上的指导、在精神上的鞭策和鼓励、在生活上无微不至的照料和宽容。

最后，还要感谢国家社会科学基金、省社会科学基金的资助，感谢在研究工作中所有提出建议和提供帮助的人，以及给予转载和引用权的资料、图片、文献、研究思想和设想的所有者。

我一定不忘初心、牢记使命，在学习宣传研究马克思主义理论的路上，勠力前行！

曹挹芬

2024 年 3 月于湖南工商大学